서울대 교수와 함께하는
10대를 위한 교양 수업

서울대 교수와 함께하는

10대를 위한 교양 수업

10 이인아 교수님이 들려주는 뇌인지과학 이야기

글 이인아, 이정화 | 그림 이창우

아울북

단 한 번의 특별한 지식 여행

'서울대 교수와 함께하는 10대를 위한 교양 수업'은 배움의 뜻을 품고 자신의 길을 찾아 떠나는 10대를 위한 지식 교양 도서입니다.

꿈을 찾고, 꿈을 키우고, 꿈을 이루는 것은 저절로 되지 않습니다. 내가 무엇을 좋아하는지, 내가 어떨 때 행복한지, 내가 무엇을 하고 싶은지 깊이 생각하고 깨닫는 경험이 필요합니다. '서울대 교수와 함께하는 10대를 위한 교양 수업'은 그 깨달음의 기회를 전하고자 기획되었습니다.

이 시대 최고의 멘토가 함께합니다.

'서울대 교수와 함께하는 10대를 위한 교양 수업'은 단순한 지식 교양 도서가 아닙니다. 자신의 관심과 재능을 되돌아보고 보다 구체적인 꿈을 그리도록 안내합니다. 더 넓은 세상, 더 큰 배움의 세계로 나아가기 위해 꼭 필요한 지식과 가르침을 전할 최고의 멘토, 서울대 교수님들이 함께합니다.

지식이 꿈으로 이어집니다.

알면 보인다는 말처럼 새롭게 알게 된 것에서 꿈을 찾을 수 있습니다. 어떤 친구는 평소에 관심 있던 분야에서, 또 어떤 친구는 전혀 관심 없던 분야에서 자신의 꿈을 마주할 것입니다. 지금 관심이 집중되는 몇몇 분야의 지식만이 아니라, 인류가 오랜 세월 축적해 온 문화와 역사에 대한 방대한 지식들은 여전히 배우고 연구할 가치가 있습니다. '서울대 교수와 함께하는 10대를 위한 교양 수업'은 폭넓은 시선으로 살아 있는 지식을 전합니다.

배움은 그 자체로 즐거운 일입니다. 일찌감치 꿈을 정하고 키워 가는 친구, 이제 막 꿈을 꾸기 시작한 친구 그리고 아직 어떤 꿈도 정하지 못한 친구도 괜찮습니다. '서울대 교수와 함께하는 10대를 위한 교양 수업'이 안내할 지식 여행을 통해 여러분의 꿈에 조금씩 다가가길 바랍니다.

이 책을 읽는 10대에게

안녕하세요? 우주처럼 신비한 우리 뇌의 기능을 연구하는 뇌인지과학자 이인아입니다.

이 책을 통해 여러분과 함께 우리 뇌에 대해 알아보는 여행을 같이하게 돼서 매우 기쁩니다.

여러분도 아마 저처럼 뇌에 대해 바라는 것이 많으시겠죠? 내 뇌가 학습을 잘했으면 좋겠고, 창의력과 상상력도 뛰어났으면 좋겠고, 친구들과 어울리는 사회성도 뛰어났으면 좋겠다고 생각할 겁니다. 사람이면 누구나 그런 생각을 하니까요. 하지만 여러분은 이런 모든 꿈을 실현시켜 줄 여러분의 뇌에 대해서 얼마나 알고 있나요? 여러분의 뇌가 어떻게 작동하는지 잘 알고 있어야 뇌를 잘 활용하실 수 있겠죠?

이 책을 통해서 여러분께 전달하고 싶은 이야기는 우리 뇌가 요술램프 속의 지니처럼 소원을 금세 이뤄주는 마법사가 아니라는 점입니다. 여러분의 뇌는 무엇이든 할 수 있는 가소성을 지니고 있지만 꾸준한 학습과 노력이 없이는 아무것도 할 수 없는 그런 존재입니다.

앞으로의 미래 사회에서는 인공지능이 더욱 발달하고 각종 스마트 기기들이 여러분을 대신해서 일하게 될 것입니다. 너무 기계가 하라는 대로 움직이지 않기 위해서 여러분의 뇌가 중심을 잘 잡는 것이 매우 중요합니다. 그렇지 않으면 나의 뇌는 주인인 나의 말을 듣기보다는 다른 사람들의 말이나 기계의 명령에 더 귀 기울일 수 있고, 그렇게 되면 여러분의 인생을 여러분의 뜻대로 살기 어려울 수 있습니다.

이 책을 통해 뇌가 어떻게 학습하고 기억하며 미래를 상상하는지 배우고, 여러분의 생활 속에서 더 나아지도록 훈련해 보시기 바랍니다. 그러면 분명 여러분은 뇌를 자유자재로 쓸 수 있는 훌륭한 미래의 인재가 될 것입니다. 이 책이 여러분의 그러한 여정에 첫걸음이자 동반자가 되길 바랍니다.

이인아 (서울대학교 자연과학대학 뇌인지과학과 교수)

차례

TAXI

4장 망각하는 뇌 …… 102

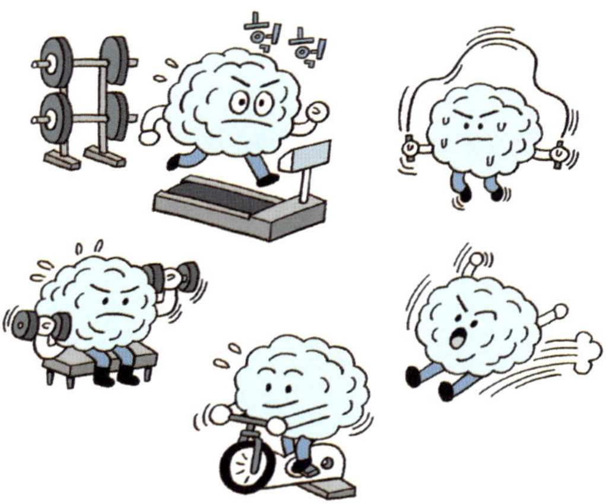

인간
수다

뇌인지과학자 이인아

우주처럼 신비한 뇌의 기능을 연구하는 뇌인지과학자이다. 특히 뇌 속에서 기억을 담당하는 해마를 집중적으로 연구한다.

마이

뇌가 어떻게 작용하는지 궁금해서 뇌인지과학에 대해 관심이 많다. 대학에 진학해서 전공해 볼까 하는 생각을 가지고 있다.

해이

공부를 잘 하는 마이와 비교 당하는 걸 싫어하며, 하루종일 온라인 게임만 할 수 있으면 하고 바란다.

1장 나는 해마를 연구하는 뇌인지과학자

- 내가 왜 뇌인지과학자가 됐냐고?
- 뇌인지과학이란 무엇일까?
- 뇌인지과학은 어떻게 연구할까?

내가 왜 뇌인지과학자가 됐냐고?

뇌인지과학자는
모두 뇌를 다루는
의사인가요?

뇌인지과학이라고요?
으악! 생각만 해도
머리가 지끈지끈해요.

뇌인지과학자는
꼭 의사가 하는 것은 아니야.
요즘은 뇌를 연구하는
다양한 방법이 있단다.

나는 대학 연구실에서 뇌 속의 신경세포들이 어떻게 연결되어서 새로운 정보를 배우고 기억하는지를 연구하는 뇌인지과학자란다. 내가 어떻게 뇌인지과학자가 됐는지 들려줄게.

혹시 이런 생각을 해 본 적 있니? "나는 왜 어떤 건 잘 기억하고, 어떤 건 금세 잊어버릴까?" 같은 질문 말이야. 나는 어릴 때부터 이런 생각을 참 많이 했어. 돌이켜보면, 그 궁금증이 내가 뇌인지과학을 연구하게 된 이유인 것 같아.

나는 어릴 때 내가 과학자가 될 줄은 꿈에도 몰랐어. 나는 예술과 인문학을 정말 좋아했거든. 고등학교 때는 연극을 보러 다니고, 멋진 그림을 감상하는 걸 참 좋아했어. 대학에서는 왜 사람이 예술을 보며 아름답다고 느끼는지를 공부하는 학문인 '미학'을 전공하고 싶었어. 그래서 서울대학교 미학과에 지원했지만, 아쉽게도 그해 대학 입시에 실패하고 말았지. 그 뒤, 재수를 하면서 문득 '미학을 공부해서 평생 먹고살 수 있을까?' 하는 걱정이 되었어. 그래서 나는 사람의 마음을 연구한다는 점은 같지만, 대학을 졸업한 후 취직도 잘 될 것 같았던 심리학과를 들어가게 됐어.

심리학은 사람의 마음과 행동을 연구하는 학문이야. 심리학자들은 "사람은 왜 웃을까?", "왜 화가 날까?", "왜 슬플까?" 같은 질문에 대한 답을 찾고 있지. 심리학을 연구하다 보니, 자연스럽게 '뇌'에 관심이 생겼어. 우리의 감정, 기억, 생각은 전부 뇌에서 이루어지니까 말이야.

그런데 내가 대학에서 공부할 무렵에는 심리학과에 사람의 뇌를 연구하는 사람이 거의 없었어. 그러다 미국에서 공부하신 이춘길 교수님이 우리 학교에 부임해 오셨는데, 그분은 '생물 심리학'이라는 특별한 학문을 전공하셨다는 거야. 생물 심리학이 뭐냐고? 심리 현상을 생물학적인 뇌의 작용으로 설명하는 학문이야. 쉽게 말하면 '사람은 왜 슬플까?', '무서울 땐 왜 심장이 두근거릴까?', '기억은 뇌의 어디에 저장될까?' 같은 궁금증에 대한 답을 뇌와 몸속의 생물학적 작용을 통해 밝히는 과학인 거지. 주로 실험을 통해 뇌 속에서 어떤 일이 벌어지는지, 신경 세포가 어떻게 작동하는지 연구한단다. 나는 이춘길 교수님 연구실에서 뇌가 우리 눈을 움직이는 원리와 시각 정보가 뇌에서 전달되는 경로에 대해 연구하는 실험에 참여할 수 있었어. 그때 나는 결심했지.

"와아, 이게 바로 내가 하고 싶은 일이야! 나는 뇌를 연구하는 사람이 될 거야!"

그 뒤 나는 뇌인지과학을 공부하기 위해 미국 유타대학교로 유학을 갔어. 그곳에서 뇌과학과 신경과학을 본격적으로 공부했지. 문과 출신인 나로서는 이과 분야의 학문인 뇌과학과 신경과학은 공부하기 쉽지 않았어. 그래도 대학에서 배운 심리학이 큰 도움이 됐단다.

나는 지금도 뇌가 어떻게 배우고 기억하는지를 알아보는 것이 너무 재미있고 신기해. 그래서 나는 꿈을 찾고 있는 10대들에게 이렇게 말해주고 싶어.

"호기심이 생긴다면 따라가 봐! 좋아하는 걸 계속하다 보면 어느새 너도 멋진 전문가가 되어 있을 거야!"

뇌인지과학이란 무엇일까?

그럼 뇌인지과학에 대해 좀 더 자세히 알아볼까? 뇌인지과학은 '뇌과학'과 '인지과학'을 합친 말이야. 그렇다면 뇌과학과 인지과학은 무엇일까?

우선 뇌과학은 뇌를 연구하는 과학이야. '신경과학'이라고도 해. 뇌과학은 의학에서 가장 많이 연구하지만 생물학, 화학, 심리학, 컴퓨터과학 같은 분야에서도 활발히 연구하고 있단다.

인지과학은 인간이 어떻게 느끼고, 생각하고, 말하고, 행동하는지를 실험과 증명을 통해서 연구하는 과학이야. 심리학과 철학 등 인간의 마음과 행동을 이해하고자 하는 학문에 뿌리를 두고 있지. 그러다 과학적인 실험 방법을 통해 인간의 마음을 연

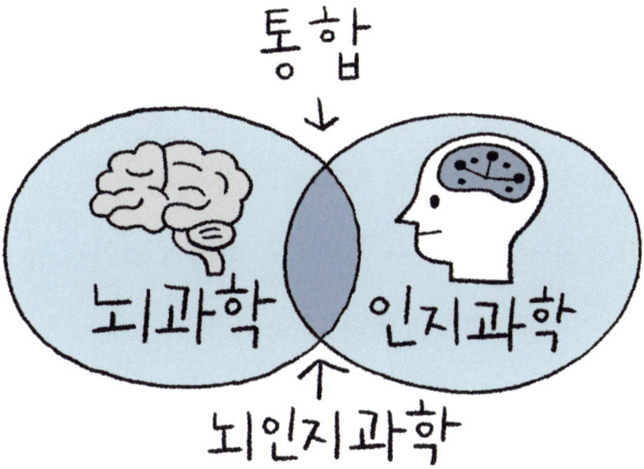

구하기 시작하면서 인지과학이 발전했고, 뇌과학은 세포 수준에서 뇌를 연구하는 학문으로 이어졌단다. 예를 들어, 해마, 전전두피질, 편도체 같은 뇌의 부분들이 각각 어떻게 기억, 감정, 계획 등과 연결되는지를 생물학과 계산신경과학 같은 방법으로 설명하려고 하지.

그렇다고 해서 뇌과학자가 모두 인지과학을 연구하는 것은 아니야. 또 모든 인지과학자가 뇌의 세포 수준에서 일어나는 현상을 연구하는 것도 아니지. 하지만 뇌인지과학자들은 이 두 가지를 모두 다루게 된단다. 그러니까 뇌인지과학은 뇌과학의 큰 울타리 안에서 뇌가 우리의 마음과 행동을 결정하는 정보처리를 어떻게 하는지 알고자 하는 분야라고 이해하면 될 거야.

뇌가 없으면 인간은 아무것도 할 수 없어. 뇌는 몸의 사령관 같은 역할을 하거든. 생각하는 것, 느끼는 것, 말하는 것, 움직이는 것, 밥을 먹고 숨 쉬는 것까지도 전부 뇌가 시키는 일이야. 눈으로 무엇을 보아도 뇌가 없으면 그것이 무엇인지 알 수 없어. 누가 말을 걸어도 뇌가 없으면 그 소리가 무슨 뜻인지 이해하지 못해. 손을 움직이고 싶어도 뇌가 없으면 몸은 어떻게 움직여야 할지 몰라. 슬픔, 기쁨, 두려움 같은 감정도, '나는 누구일까?', '나는 왜 여기에 있나?' 같은 생각도 전부 뇌가 있어서 가능한 일이야. 뇌가 없으면 우리는 생각할 수도, 감정을 느낄 수도, 움직일 수도 없어. 한마디로 세상을 살아갈 수 없는 거야.

예전에는 철학자나 심리학자들이 "마음이란 무엇일까?", "왜 우리는 이렇게 느낄까?" 같은 질문을 많이 했어. 그런데 요즘은 뇌를 연구하는 과학자들이 이런 질문에 대한 해답을 뇌를 통해서 얻으려고 해. 뇌가 어떻게 작동해서 우리가 생각하고, 느끼고, 행동하게 되는지를 과학적으로 알아보는 거야. 더 나아가, 인공적으로 뇌의 인지와 행동을 모방하려는 연구까지 진행되면서 그 범위가 점점 넓어지고 있단다.

종종 뇌인지과학에 관심 있는 학생들이 이 학문을 공부하기 위해서는 문과를 가야 할지, 이과를 가야 할지 물어보기도 해. 뇌인지과학은 사람의 마음과 감정을 다루는 문과적인 학문이기도 하고, 신경세포와 전기 신호를 연구하는 이과적인 학문이기도 하기 때문이지. 나는 그럴 때 이렇게 대답하곤 해.

"문과, 이과를 나누는 건 별로 의미가 없어요. 뇌인지과학은 그 둘을 융합하는 학문이니까요!"

뇌인지과학은 문과와 이과의 경계를 잇는 학문이야. 사람의 마음을 이해하면서도, 그 근원을 과학적으로 탐구하거든.

뇌인지과학은 어떻게 연구할까?

뇌인지과학은

사람의 뇌 속을 들여다보면서

연구하나요?

아주아주

작은 탐사 로봇을

뇌 속으로 들여보내나요?

하하!

나는 쥐와 가상 현실을 이용해

뇌를 연구하고 있어.

나는 뇌에서도 기억과 가장 깊은 관련이 있는 '측두엽'의 '해마' 영역이 무슨 일을 하는지 연구하고 있어. 어떻게 연구하냐고? 나는 주로 실험용 쥐와 가상 현실 기술을 이용해서 뇌 속에서 일어나는 현상을 과학적으로 연구하고 있단다. 가상 현실 기술을 이용하면 쥐가 보는 주변 환경을 마치 게임처럼 자유롭게 조절할 수 있거든.

실험용 쥐를 이용해 가상 현실 실험을 어떻게 하냐고? 우선 실험용 쥐에게 가상 현실 공간을 돌아다니며 장소를 기억하는 방법을 가르쳐 준단다. 그다음, 쥐가 그 공간을 기억해서 행동할 때 뇌세포의 활동을 측정하고, 뇌 속에서 어떤 일이 일어나는지 살펴보는 거야. 이 실험을 '가상 현실 기억 과제'라고 한단다.

쥐가 가상 현실 속에서 과제를 잘 수행하면 먹이를 보상으로 주면서 실험을 진행해. 가상 현실의 숲속에서는 버튼 A를 눌러야 먹이를 주고, 가상 현실의 도시에서는 버튼 B를 눌러야 먹이를 주는 식이지. 쥐가 이 게임을 하는 동안, 나는 전기 신호나 빛을 이용해서 쥐의 뇌세포가 활동하는 모습을 아주 자세히 관찰해. 그러면 쥐가 기억을 만들거나 꺼내는 순간, 뇌에서는 어떤 일이 벌어지는지 과학적으로 알 수 있단다.

하지만 이런 실험을 하려면 정말 큰 책임감이 필요해. 쥐는 살아 있는 생명이니까, 매일 건강 상태를 살펴보고 잘 지내는지도 꼼꼼히 돌봐야 해. 그건 과학자라면 꼭 지켜야만 하는 일이야.

그리고 뇌인지과학을 연구하려면 한 분야만 알아서는 안 돼. 여러 분야의 연구자들이 함께 협력해야 더 효과적인 연구가 가능하지. 내가 있는 서울대학교 '학습과 기억 연구실'에도 생물학, 심리학, 컴퓨터, 전기공학, 철학, 음악 등 다양한 학문을 전공한 연구자들이 있어. 특히 요즘은 인공지능, 정신건강, 뇌와

기계의 연결처럼 사람과 기술이 만나는 분야에서 뇌를 이해하는 일이 더욱 중요해지고 있어.

세상은 점점 더 빠르게 바뀌고 있어. 앞으로 어떻게 달라질지 아무도 몰라. 그럴 때 우리에게 필요한 건 많은 지식이 아니라, 잘 훈련된 뇌야. 고대 그리스의 철학자 소크라테스는 "너 자신을 알라"라는 말을 했지만, 이제는 "너의 뇌를 알라"의 시대가 될 거야. 나는 뇌에 관심 있는 10대들이 멋진 분야에 더 관심을 가져서, 언젠가 함께 연구하게 되길 바라고 있어.

뇌인지과학자가 되려면 어떤 공부를 해야 할까요?

뇌인지과학은 뇌가 어떻게 인지하고 기억하고 판단하는지를 탐구하는 통합적인 학문이야. 뇌신경과학, 인지과학, 심리학, 정보 통신 등의 내용이 포함된 융합 학문이거든. 그럼 뇌인지과학자가 되려면 무엇을 공부해야 할까?

일단 생물학, 화학 같은 과학 분야에 관심이 있어야겠지. 그중 생물학은 뇌 속에 있는 신경세포(뉴런)가 어떻게 활동하는지를 배워야 하니까 정말 중요해. 화학도 중요한데, 뇌에서는 화학 물질이 왔다 갔다 하면서 생각이나 감정을 만들기 때문이야.

다음으로 마음이 어떻게 작동하는지를 배우는 심리학도 꼭 필요해. 심리학 중에서도 인간이 어떻게 정보를 처리하는지를 배우는 인지 심리학, 인간이 성장하면서 뇌와 인지가 어떻게 변하는지 배우는 발달 심리학, 실험을 설계하고 데이터를 분석하는 법을 배우는 실험 심리학 등을 알아야 할 거야.

그밖에도 신경과학, 뇌의 각 부위가 어떤 역할을 하는지 배우는 신

경해부학, 뇌세포가 어떻게 활동하는지를 다루는 신경생리학, 치매나 파킨슨병 같은 뇌 질환을 배우는 임상신경과학 등도 알아 두면 큰 도움이 돼.

컴퓨터 프로그래밍은 뇌인지과학을 연구하기 위해 꼭 필요해. 프로그래밍은 실험 결과를 분석하고 뇌 기능을 시뮬레이션하는 데 쓰이기 때문이지. 그밖에도 가상 현실 환경을 만드는 데 게임 엔진 등을 쓰기 때문에 컴퓨터 공학적인 능력도 중요해. 컴퓨터 모델이나 뇌파 분석에 필요할 뿐만 아니라, 실험 데이터를 해석하고 결론을 내리기 위해서는 수학 공부는 필수지.

철학과 물리학도 공부하면 좋아. 인간과 우주를 관찰하는 철학과 물리학은 우리가 질문을 던지는 데 도움을 줘. 철학은 인간에 대한 가장 많은 생각들이 담긴 학문이어서 뇌에 대한 힌트를 많이 얻을 수 있어. 뇌를 들여다보는 자기 공명 영상(MRI) 기계가 어떤 원리로 작동하는지 이해하려면 물리학 공부가 도움이 될 거야.

2장 강력한 학습 도구, 뇌

- 뇌는 왜 학습할까?
- 기억에도 종류가 있어!
- 뇌는 생존을 위해서만 학습하는 게 아냐!
- 뇌는 어떻게 학습하고 기억할까?
- 뇌가 학습하는 능력이 없어지면?

뇌는 왜 학습할까?

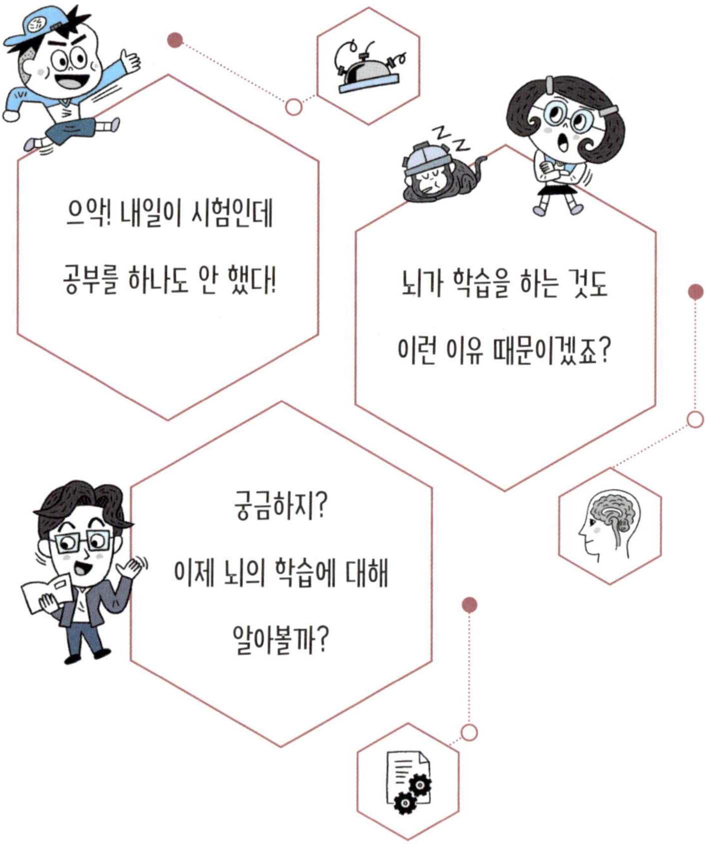
으악! 내일이 시험인데
공부를 하나도 안 했다!
뇌가 학습을 하는 것도
이런 이유 때문이겠죠?
궁금하지?
이제 뇌의 학습에 대해
알아볼까?

우리는 매일 무엇인가를 공부하고 있어. 수학도 배우고, 과학도 배우고, 국어도 배우지. 그런데 가끔 이런 생각이 들지 않니?

"수학을 꼭 배워야 해? 나중에 어디에 쓰는데?"

"어려운 과학을 배워서 어디에 써?"

하지만 우리가 배우는 이유는 단순히 지식을 쌓거나 시험을 잘 보기 위해서만은 아니야. 더 나은 내일을 계획하기 위해서 배우는 거지. 수학을 배우면 논리적으로 생각하는 법을, 과학을 배우면 현상을 관찰하고 문제를 해결하는 법을, 국어나 사회를 배우면 말과 감정, 사람 사이의 관계를 이해하게 돼. 이런 경험들이 모여 우리 뇌를 골고루 훈련시키고, 다음에 어떤 상황이 닥치더라도 똑똑하게 대응할 수 있는 힘이 되어 주는 거야.

사실 뇌는 학습 능력을 타고 났어. 태어난 그 순간부터 끊임없이 배우고 있지. 그러면 배우는 능력, 즉 '학습'은 무엇일까? 수학이나 과학처럼 어려운 내용을 공부하는 것만이 학습일까? 그건 아니야. 뇌인지과학자의 눈으로 본 학습은 아주 간단해. 학습은 생명체가 예전엔 몰랐던 새로운 것을 알게 되는 것, 그리고 뇌가 그것을 기억해서 다음엔 더 잘할 수 있도록 돕는 과정이야.

그런데 왜 굳이 '생명체'라고 할까? 사람뿐만 아니라 박테리아, 아메바, 곤충, 동물, 심지어 식물까지도 끊임없이 학습하고 있기 때문이야. 생명체라면 '생명'이 붙어 있는 한 계속 학습하고, 그 경험을 뇌 혹은 몸속 어딘가에 저장하지.

왜냐고? 살아남기 위해서야. 학습을 해야 매일매일 바뀌는 환경에 대비할 수 있거든. 우리가 세상에 지금 막 태어났다고 가정해 봐. 갓 태어난 아기에게 이 세상은 알지 못하는 것 투성이야. 모든 것이 새롭지. 나이가 들면서 점점 많은 것을 알게 되지만, 여전히 처음 보는 것들이 계속 등장해. 그건 우리를 둘러싼 환경이 끊임없이 바뀌기 때문이야. 어제와 오늘의 날씨가 다르고, 친구들도 매일 다른 옷을 입고 학교에 와. 우리가 늘 보는 가로수도 계절마다 모습이 달라져. 봄에는 꽃이 피고 새잎이 돋아나고, 여름에는 잎이 무성했다가 가을에는 열매를 맺고 단풍이 들어. 그러다가 겨울이 되면 가지만 앙상하게 남게 되지. 이처럼 우리 주변의 사물과 사람들, 그리고 모든 생명체가 포함된 환경은 끊임없이 변한단다. 그래서 뇌는 매일매일 새로운 것을 배울 수밖에 없어.

늘 바뀌는 환경 속에서 생명체의 뇌가 살아남아 온 데에는 두 가지 학습의 원칙이 있어. 첫 번째 원칙은 '해로운 것을 피하라!'야. 해로운 일이 생기기 전에 미리 눈치채고 피하는 게 중요하지. 이 원칙은 동물들의 세계에서 쉽게 예를 찾을 수 있어.

아프리카 초원에 배가 고픈 치타가 한 마리 있다고 생각해 봐. 치타는 저 멀리에 모여 있는 임팔라 무리를 보았어. 당연히 치타는 임팔라를 잡으러 가겠지. 그런데 치타의 뇌는 예전에 멀리 떨어진 곳에서부터 임팔라를 쫓다가, 임팔라들이 재빨리 도망치는 바람에 사냥에 실패했던 경험을 똑똑히 기억하고 있어. 그래서 이번에는 임팔라가 눈치채기 전에, 가능한 한 가까운 거리까지 조용히 다가가려고 하지.

하지만 임팔라의 뇌도 새들이 지저귀는 소리와 풀벌레가 우는 소리가 갑자기 멈추면, 그건 치타가 가까이 왔다는 신호라는 걸 기억하고 있어. 그래서 새와 풀벌레 소리가 갑자기 멈추면 임팔라는 치타가 가까이 있다는 것을 눈치채고 도망치기 시작해.

그 모습을 본 치타는 전속력으로 임팔라 무리를 따라가. 치타의 목표는 어린 임팔라야. 어린 임팔라는 느릴 뿐만 아니라 언제 어떻게 도망쳐야 하는지 충분히 학습하지 못했기 때문에 치타가 잡기 더 쉬운 먹잇감이지.

여기서 잠깐, 어린 임팔라가 구사일생으로 살아남았다면 어떻게 될까? 이 임팔라는 비슷한 상황에 다시 놓이게 되면 치타의 공격을 더 빨리 눈치채고 대비하게 될 거야. 임팔라가 경험한 것들이 모두 뇌에 저장됐다가 다음 행동에 변화를 일으키기 때문이지. 그리고 그 변화는 다시 기억으로 남아서 미래의 행동에도 계속 영향을 주게 돼.

해로운 것을 피하는 생존의 법칙에도 어려운 점이 있어. 만약 임팔라가 치타를 피하는 행동만으로 100퍼센트 생존할 수 있다

면, 치타가 나타날 가능성이 있는 모든 환경과 상황을 피해 다니면 될 거야. 하지만 임팔라도 살아남기 위해서는 먹이와 물이 있는 곳에는 반드시 가야 하고, 그곳에는 반드시 치타가 나타나기 마련이거든.

이처럼 자연계에서 포식자와 피식자의 뇌는 살아남기 위해 끊임없이 경쟁한단다. 그리고 그 경쟁에서 승리하기 위해서는 계속 경험하고, 그 경험을 저장하고, 기억하는 과정이 중요하지. 인간의 생존 방식도 아마 크게 다르지 않을 거야.

생존을 위한 두 번째 원칙은 '이로운 것을 취하라!'야. 나에게 이익이 되는 것을 얻으려는 뇌의 성향은 미국의 심리학자 손다이크가 고양이를 대상으로 한 실험을 통해서 과학적으로 입증했어.

손다이크는 먼저 나무로 퍼즐 상자를 만들었어. 이 퍼즐 상자는 안에 있는 줄을 당겨 도르래로 연결된 출입문의 잠금장치를 여는 등의 조작을 해야 탈출할 수 있도록 되어 있었지. 손다이크는 고양이를 이 퍼즐 상자 안에 넣었어. 고양이는 처음에 퍼즐

상자 밖으로 나가는 방법을 몰라서 상자 벽을 긁고, 이리저리 두리번거리는 등 엉뚱한 행동을 했어. 그러다 우연히 줄을 당기자 문이 열렸어. 손다이크는 문 밖에 먹이를 놓아서 고양이가 상자를 빠져나오면 먹이를 먹을 수 있도록 했지. 즉 '보상'을 준 거야.

손다이크는 고양이를 상자 안에 여러 번 넣고 문을 몇 분 만에 여는지 관찰하고 기록했어. 한 번, 두 번, 세 번……. 고양이는 시간이 지날수록 문을 여는 데 효과적인 행동을 늘려나가고 그렇지 않은 행동들은 줄이는 방식을 학습해서 점점 더 빠르게 문을 열고 나왔지. 이것을 '효과의 법칙'이라고 해. 좋은 결과, 즉 보상이 따라오는 행동은 뇌가 기억하고, 다음에 되풀이할 가능성이 크다는 거야. 그러니까 한 번 줄을 당겨서 문을 연 경험을 한 고양이를 다시 퍼즐 상자에 넣으면, 쓸데없는 행동은 거의 하지 않는 거야. 대신 곧바로 줄을 당겨 문을 여는 학습된 행동을 보이게 되는 거지.

지금까지 생존을 위해 생명체가 명심하고 지켜야 할 두 가지 법칙에 대해 알아보았어. 생명체들이 해로운 것을 피하고 보상이 주어지는 효과를 경험하고 나면, 학습의 중요성을 깨닫게 돼. 이 두 가지 원칙을 이용해 좋은 것만 반복한다면 학습의 효과는 매우 좋아지겠지.

이 두 가지 원칙을 이용한 학습이 바로 '강화 학습'이야. 시험에서 실수를 하면 다음 시험에서는 틀리지 않으려고 명확하게 기억하고, 게임에서 이긴 전략은 다음에 또 쓰려고 하잖아? 이처럼 강화 학습은 효과가 있었는지 없었는지에 따라 기억할 정보를 골라 저장하는 거란다.

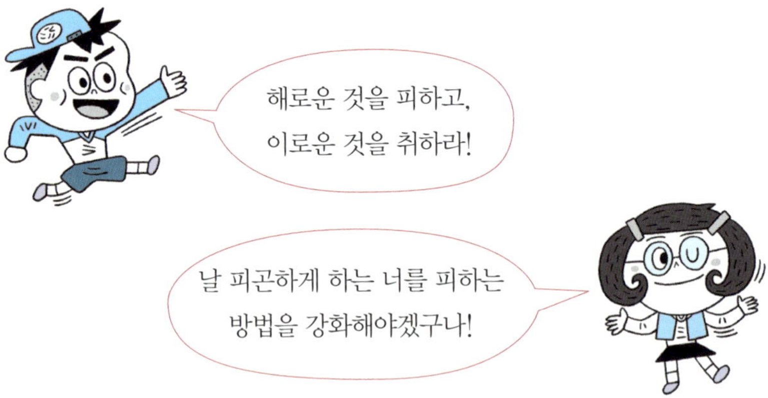

기억에도 종류가 있어!

우리는 필요할 때마다 뇌에 저장된 기억을 불러내서 사용해. 그런데 뇌가 기억을 저장할 수 없다면 어떻게 될까? 아마 매일 새로운 것을 학습해야 할 거야. 오늘 배운 수학 방정식도, 친구 이름도, 게임 방법도 매일 다시 처음부터 배워야 해. 그럼 우리는 앞으로 나아가지 못하고 매일 같은 자리만 맴돌게 될 거야. 그리고 무엇보다 기억은 미래를 준비하게 해 줘. 우리는 과거의 경험을 바탕으로 "다음엔 이렇게 해 봐야지!", "더 잘할 수 있을 거야!"라고 다짐하며, 새로운 시도를 통해 계속 앞으로 나갈 수 있어.

그런데 기억에도 종류가 있다는 것을 알고 있니? 우선 크게

서술적 기억	일화	일상적으로 학습한 것을 기억하기
	회상	과거의 사건을 기억해 내기
	재인	앞에 있는 대상을 알아보기
절차적 기억		무의식적으로 이루어지는 학습을 기억하기

'서술적 기억'과 '절차적 기억'으로 나눌 수 있어. 서술적 기억은 우리가 기억의 내용을 말로 서술할 수 있는 기억을 말해. 대표적으로 '일화 기억'이 있지. 일화 기억은 매일매일 일어난 일을 기억하는 거야. 아침에 몇 시에 일어났는지, 아침 식사로 무엇을 먹었는지, 무슨 옷을 입었는지, 등교하면서 누구를 만났는지, 수업 시간에 무슨 일이 있었는지와 같은 것들 말이야. 우리는 매일 엄청나게 다양한 일을 하면서 생활하고 그때그때 필요한 기억을 불러내서 쓴단다.

일화 기억이 얼마나 중요한지 알려 주는 〈메멘토〉라는 영화가 있어. 2000년에 개봉되었던 이 영화 속 주인공은 아내가 살해당한 후, 자기 자신에게 일어났던 일을 10분밖에 기억 못하는 단기 기억 상실증에 걸렸어. 심지어 자신을 죽이려고 하는 사람이 누구인지도 기억하지 못해서 매일 죽을 고비를 넘기지. 그래서 주인공은 꼭 기억해야 할 일들은 즉석 사진으로 찍고 그 내용을 뒷면에 메모로 남겨. 정말 중요한 것은 몸에 문신을 새기기도 하지. 이 영화의 주인공처럼 우리도 세상을 살면서 새로운 경험이 뇌에 저장되지 않으면 생존에 큰 어려움을 겪게 될 거야.

뇌인지과학자들은 일화 기억을 과학적으로 증명하려고 노력했어. 대표적으로 니키 클레이턴이라는 학자의 실험이 있어. 클레이턴은 덤불어치가 먹이를 숨겨두었다가 나중에 꺼내 먹는 습관을 이용해서 실험을 진행했어. 클레이턴은 덤불어치에게 두 가지 먹이를 주었어. 하나는 죽은 뒤 시간이 지나면 쉽게 상하는 벌레, 다른 하나는 오래 두어도 상하지 않는 땅콩이었지. 덤불어치는 두 가지 먹이를 모래가 담긴 얼음 트레이에 숨겼어. 클레이턴은 덤불어치를 다른 곳으로 옮겼다가, 몇 시간이 지난 뒤 다시 그 장소로 돌려보냈지. 그러자 덤불어치는 상하기 쉬운 벌레부터 먼저 찾아 먹었어. 그런데 같은 방식으로 먹이를 숨기고, 하루 이상 시간이 흐른 뒤 다시 실험을 진행하자 이번에는 덤불어치가 벌레가 이미 상했을 거라고 판단하고 상하지 않는 땅콩을 골라 먹은 거야.

이 실험을 통해 클레이턴은 덤불어치가 단순히 먹이를 숨긴 장소를 기억하는 것뿐만 아니라, 무엇을, 어디에, 언제 숨겼는지까지 모두 기억한다는 것을 증명했어. 마치 우리가 "내가 어제 오후 3시에 주방 서랍에 초콜릿을 숨겨놨지!"라고 기억하는 것처럼, 덤불어치도 똑같이 기억할 수 있다는 거야. 이 실험은 동물들도 사람과 비슷한 방식으로 기억을 저장한다는 것을 알려 주는 아주 중요한 연구였지.

우리가 일상생활을 할 때 일화 기억만큼 중요한 기억이 있어. 바로 '회상'이야. 뇌인지과학에서 말하는 회상이란 눈앞에 없는 사물을 기억하거나 과거에 겪은 일을 순서에 맞게 기억해 내는 것을 말해.

여름방학이 끝나고 친구가 "방학 때 뭐가 제일 재미있었어?"라고 물어본다면 우리는 방학 동안에 있었던 일을 머릿속으로 떠올리면서 "가족이랑 바닷가에 가서 신나게 놀았어."라고 대답을 할 거야. 이것이 바로 회상이야. 마치 사진을 찍어 놓은 것과 같지. 회상 능력이 좋은 사람은 과거에 찍은 비디오를 보듯 이미지로 예전에 있었던 일을 떠올리고는 바로 좀 전에 겪은 것

처럼 말하기도 해. 가만히 생각해 보면 뇌는 우리의 일상을 거의 자동으로 매 순간, 평생 기록하는 거야.

만약 우리가 회상할 수 없다면 어떻게 될까? 일화 기억이 없는 사람들처럼 위험한 일에 대비할 수 없어. 이전에 복숭아를 먹고 알레르기 때문에 두드러기가 났는데, 이것을 기억하지 못하면 어떻게 되겠니? 매번 복숭아를 먹고 두드러기를 일으킬지도 몰라. 우리는 회상 덕분에 언제, 어디서, 어떤 일이 있었는지 기억해 두고 필요할 때 꺼내 쓸 수 있단다. 하지만 어떤 기억이 생존에 꼭 필요한지 미리 알 수는 없잖아. 그래서 뇌는 일단 모든 것을 학습하고 기억하는 것 같기도 해. 이처럼 뇌의 학습과 기억은 우리가 생각하는 것보다 훨씬 더 생존에 중요한 역할을 하고 있어. 너무 당연하고 자연스럽게 학습하고 기억하기 때문에 우리가 잘 느끼지 못할 뿐이야.

또 다른 서술적 기억으로는 '재인'이 있어. 재인은 쉽게 말하면 '다시 알아보기'야. 우리는 길에서 지나가는 친구를 흘끗 보고도 바로 알아볼 수 있어. 친구뿐만 아니라 가족, 강아지, 사과, 자동차, 스마트폰 등을 고민하지 않고도 곧바로 알아볼 수 있는 능력이지.

하지만 눈앞에 있는 사물이 무엇인지 모를 때도 있어. 사과나

무가 자라지 않는 지역에 사는 사람은 사과를 처음 보았을 때 그게 무엇인지 알 수가 없어. 그러나 학습을 통해 '사과는 빨갛고 둥글며, 먹을 수 있는 과일'이라는 것을 알게 되면 그때부터 뇌가 사과를 볼 때마다 저장해 둔 기억을 꺼내 반복해서 사용하지. 우리 주변의 수많은 사물은 이런 식으로 우리 뇌에 저장되는 거란다.

만약 우리의 뇌가 재인을 할 수 없다면 가족, 친구, 내가 기르는 강아지나 고양이, 내가 가진 물건 등을 바로 알아보지 못하고, 남의 물건을 자기 것이라고 착각할 수도 있어. 이처럼 재인은 우리가 세상을 안전하고 똑똑하게 살아가기 위해 꼭 필요한 뇌의 능력이야.

일화, 회상, 재인과 같은 서술적 기억과 대비되는 기억인 '절차적 기억'은 우리의 몸을 통해 기억하는 거야. 두발자전거를 타기 시작했을 때를 떠올려 봐. 처음에는 넘어지고, 흔들리고, 엄청 어렵지. 그런데 연습하다 보면 "어? 나 혼자 탈 수 있어!" 하는 순간이 찾아와. 몸이 자전거를 타기 위해 움직이는 순서를 기억하게 된 거지. 이렇게 팔, 다리 같은 몸의 일부나 몸 전체를 움직여서 새로운 동작을 배우는 학습을 '절차적 학습'이라고 해.

절차적 학습을 통해 기억되는 내용이 바로 절차적 기억이란다.

절차적 학습이 이루어지면 일일이 생각하지 않아도 몸이 저절로 움직여. 그래서 어떤 일을 잘하려면 절차적 학습이 익숙해지도록 반복해서 훈련하는 것이 중요해. 운동선수들은 절차적 기억을 몸에 익혀야 목표를 이룰 수 있어. 김연아 선수가 올림픽에 나가 금메달을 딴 것도 끊임없이 연습하며 절차적 기억을 익힌 덕분이란다.

일상생활에서도 절차적 학습은 중요해. 버스 탈 때를 생각해 보자. 버스가 도착해서 문이 열리면 버스에 올라타서 요금을 내거나 카드를 찍고 들어가 자리에 앉거나 서 있게 되잖아. 처음 버스를 탈 때는 이 순서를 몰라서 어리둥절하지만, 몇 번만 경험해 보면 우리 뇌는 절차적 기억을 익혀서 친구와 이야기를 하는 등 다른 행동을 하면서도 버스를 탈 수 있게 되는 거야.

다른 예로, 문은 종류가 많고 손잡이도 다양해. 손잡이를 돌려서 열어야 하는 문이 있고, 당겨야 하는 문이 있으며, 자동문처럼 가만히 앞에 서 있어야 열리는 문도 있어. 하지만 우리가 문을 여는 방법을 억지로 기억해서 여는 경우는 거의 없어. 문을 보자마자 여는 방법을 알고 있기 마련이지. 뇌의 절차적 기억을 담당하는 영역이 알아서 해 주기 때문이야.

만약 절차적 기억을 할 수 없다면 우리는 문도 못 열고, 자전거도 못 타고, 버스도 못 타게 된단다. 즉, 사회에서 살아가기 힘들게 된다는 거지.

뇌는 생존을 위해서만 학습하는 게 아냐!

돈을 많이 버는
어른이 되려고
학습하는 거 아닌가요?

난 행복해지기 위해
학습하는 건 줄
알았는데…….

돈을 많이 벌거나
행복해지려면 미래를
예측할 수 있어야 해.
그게 바로 학습을 하는
이유야.

우리 뇌는 정말 신기한 보물 창고 같아. 우리가 보고, 듣고, 느끼고, 생각하는 모든 것을 차곡차곡 담아 보관하거든. 우리가 이렇게 많은 것을 배우고 기억하는 가장 큰 이유는 생존을 위해서라고 했잖아. 그런데 꼭 생존 때문에만 뇌가 기억하고 학습하는 걸까? 사실 또 다른 아주 중요한 이유가 있어. 바로 '미래'를 위해서지.

우리는 경험하지 않은 일을 상상하고 계획할 때, 과거의 경험을 보물처럼 꺼내 써. 친구들과 함께 여행을 계획한다고 생각해 봐. "작년에 간 바닷가는 파도가 너무 높아서 무서웠으니까, 이번에는 파도가 잔잔한 곳으로 가자!"라고 말할 수 있어. 우리가 작년에 바닷가에서 파도를 '경험'했던 기억을 바탕으로 '미래'의 여행을 계획하는 거지.

뇌가 미래를 계획하고 일어나지 않는 일을 상상한다는 사실을 알아내는 데는 데미스 허사비스의 연구가 큰 도움이 됐어. 허사비스는 컴퓨터 천재이자 인공지능 기술을 활용하는 회사인 '디프마인드'의 대표야. 그 유명한 바둑 인공지능인 '알파고'를 만든 사람이지. 게임을 만들던 허사비스는 어느 날 사람의 뇌처럼 생각하고 기억하는 컴퓨터를 만들 수 있을지 궁금해졌어. 그

고민을 해결하기 위해, 먼저 사람의 뇌가 어떻게 작동하는지 알아보기로 했지. 그래서 우리가 겪었던 일들을 기억하도록 도와주는 뇌 속의 작은 기관인 '해마'를 연구하기 시작했어.

허사비스는 해마를 연구하기 위해 사람들에게 바닷가에 누워 있는 모습을 상상해 보라고 시켰어. 그리고 그에 따른 뇌의 변화를 자기 공명 영상(MRI)으로 자세히 관찰했지. 그랬더니 뇌가 건강한 사람들은 파도 소리나 갈매기 같은 모습을 쉽게 머릿속으로 그려냈어. 이때, 해마가 아주 열심히 일한다는 사실도 확

인할 수 있었지. 하지만 해마가 건강하지 않은 사람들은 상상을 제대로 하지 못했어. 바닷가에 대해 생각할 수는 있었지만, 구체적인 그림을 머릿속에 떠올리기가 매우 어려웠지.

이 실험을 통해 허사비스는 해마가 지나간 일만 기억하는 기관이 아니라, 아직 일어나지 않은 일을 상상하거나 계획할 때에도 중요한 역할을 한다는 사실을 발견했어. 마치 '과거의 경험'을 바탕으로 '미래의 상상'이라는 새로운 이야기를 만들어 내는 것처럼 말이야. 그래서 우리가 다양한 경험을 할수록 더 풍부하게 상상할 수 있는 거야.

우리 뇌가 학습하는 또 다른 중요한 이유는 다른 사람들과 잘 어울리기 위해서야. 이걸 '사회적 학습'이라고 부르지. 사회적 학습에서 중요한 능력 중 하나가 '공감'이야. 공감은 다른 사람의 마음을 이해하는 능력이야. 만약 같이 길을 걷던 친구가 넘어진다면 너는 뭐라고 말을 할까? 아마도 "아프겠다. 내가 그 기분 알아!"라고 할 거야. 그건 예전에 넘어져서 아팠던 기억을 학습해 두었기 때문이야. 이처럼 공감하려면 직접 경험을 해봤거나, 다른 사람의 이야기를 통해 간접적으로라도 그 상황을 경험해 보는 것이 필요하단다. 그래서 많은 경험을 쌓은 사람일수록 다른 사람의 이야기에 더 공감하고, 친구를 더 잘 위로해 줄 수 있어.

또 다른 사회적 학습 능력으로는 '마음 이론'이 있어. 마음 이론은 상대방의 표정이나 행동을 보고 그 사람의 마음을 추측하는 능력이야. 친구와 밥을 먹는데 친구가 좋아하는 반찬이 딱 한 개 남은 상황에서 '아, 내가 저걸 먹으면 친구가 좀 아쉬워하겠는데?' 하고 친구의 마음을 상상할 수 있는 것처럼 말이야.

마음 이론은 뇌의 '전전두피질'과 관련이 있는데, 전전두피질은 뇌 전두엽의 앞부분을 덮고 있는 대뇌 피질을 말해. 이 부분은 우리가 배운 것을 바탕으로 앞으로 어떻게 행동할지 계획을

세우는 역할을 해. 그래서 마음 이론을 잘 사용하는 사람들은 다른 사람을 배려하고 사이좋게 지내는 데 아주 능숙하단다.

이처럼 뇌는 다른 사람들과 행복하게 지내기 위해서도 끊임없이 학습하고 있단다. 과거를 기억하고, 미래를 계획하며, 다른 사람들과 소통하는 모든 학습은 우리가 더 안전하고 행복하게 살아가기 위해 꼭 필요한 과정이야.

뇌는 어떻게 학습하고 기억할까?

우리가 새로운 것을 배울 때 뇌 안에서는 정말 신기한 일이 일어나. 그럼 지금부터 뇌 속에서 기억이 어떻게 생기고 자리를 잡는지 알아볼까?

뇌도 몸의 다른 장기처럼 세포로 이루어져 있어. 그런데 뇌세포는 모양도 역할도 다른 장기와 달라서 특별히 '뉴런'이라는 이름을 가지고 있지. 뉴런은 아주 작지만, 신기하게도 나무처럼 가지를 뻗은 모양을 하고 있어.

뉴런은 혼자 일하지 않고 여러 뉴런이 함께 움직여. 이런 뉴런들의 모임을 '신경망'이라고 하지. 그런데 뉴런과 뉴런은 완전히 붙어 있는 게 아니라, 아주 좁은 틈을 두고 떨어져 있단다. 이 틈을 '시냅스'라고 해. 시냅스는 전기 신호와 화학 물질을 주고받는 통로야. 우리 뇌의 뉴런 하나는 평균적으로 약 1만 개의 시냅스를 맺고 있다고 해. 즉, 1만 개의 다른 세포들과 소통하고 있는 거야.

엄청나지? 마치 소셜 네트워크 서비스인 엑스나 인스타그램에서 팔로워 1만 명과 계속 소통하는 것과 비슷해. 우리 사회의 모든 구성원이 각각 1만 명과 끊임없이 이야기하고 있다고 생각해 봐. 엄청나게 많은 사람들이 서로 연결되어 있는 거잖아? 그런데 우리 뇌에는 약 1천억 개의 뉴런이 있다고 추정된다고 하니, 신경망은 어마어마하게 복잡한 거야.

시냅스는 우리가 새로운 걸 배울 때, 즉 학습을 할 때 반짝이는 신호를 보내기 시작해. 시냅스에서 신호가 활발하게 오가면, 이 순간 기억이 시작되는 거야. 뇌에서 학습한 기억은 처음에는 아주 잠깐만 머물러 있어. 마치 친구가 알려준 전화번호처럼 말이야. 이것을 '단기 기억'이라고 해. 메모장처럼 잠깐 저장해 두는 기억이지. 우리가 어떤 것을 더 오래, 잘 기억하기 위해서는 주의를 기울이거나, 의미가 있거나, 감정이 담긴 경험일수록 도움이 돼. 게다가 그 기억을 반복해서 생각하거나 사용하면, 시냅스는 점점 강해지고 단단해져. 그러면 기억이 뇌 속에 튼튼하

게 자리 잡는 과정인 '응고화' 과정을 거쳐 단단한 '장기 기억'이 되는 거지. 연필로 쓴 글씨는 쉽게 지워지지만, 펜으로 꾹 눌러 쓴 글씨는 오래 남는 것과 비슷하단다.

뇌는 모든 기억을 한 군데에만 모아 두지 않아. 서로 다른 종류의 기억은 각각의 종류에 맞는 뇌의 영역에 저장돼. 이것을 '다중 기억 시스템'이라고 하지. 그러니까 다중 기억 시스템은 환경의 변화에 적응하면서 살아남기 위해 여러 가지 종류의 기억을 따로따로 저장하고 관리하는 복잡한 뇌 조직을 뜻하는 거야.

앞서 말한 서술적 기억과 절차적 기억이 바로 다중 기억 시스템이야. 서술적 기억은 뇌 속에 있는 해마와 대뇌피질이 담당하고 있어. 해마는 기억을 처음 받아 적고, 대뇌피질은 오래 보관해 준단다. 절차적 기억 시스템은 뇌의 기저핵과 소뇌 등에서 담당해. 이처럼 뇌는 기억을 종류별로 따로 저장하고 있단다.

그럼 뇌의 신경망에 서로 다른 기억이 어떻게 저장될까? 뉴런은 시냅스에서 화학적 신호를 주고받으며 일하는데, 어떤 뉴런은 신호를 강하게 받기도 하고, 어떤 뉴런은 조금만 받거나 아예 신호를 안 받기도 해. 이렇게 각각의 뉴런이 얼마나 강한 신

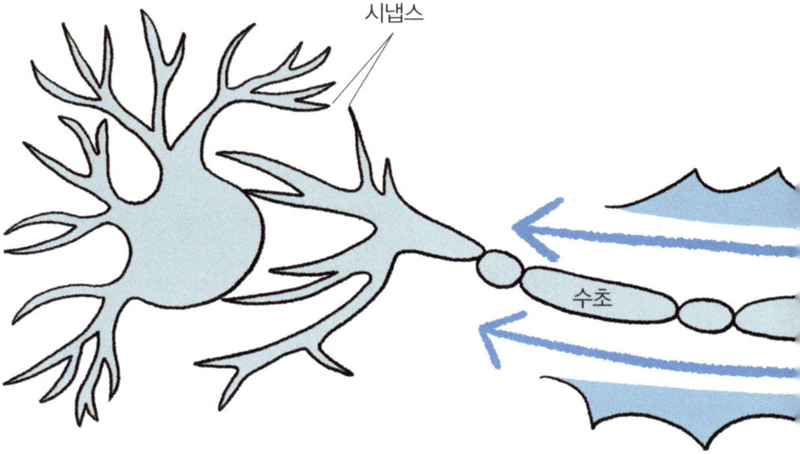

호를 받는지를 뉴런의 '흥분 상태'라고 하는데, 신경망 속의 여러 뉴런들이 흥분해서 만드는 강약의 패턴을 '흥분 패턴'이라고 불러.

신호를 강하게 받아 흥분한 뉴런은 빨간색, 이보다 덜 흥분한 뉴런은 초록색, 흥분하지 않은 뉴런은 분홍색으로 빛난다고 가정해 볼까? 만약 우리가 친구와 함께 떡볶이를 나눠 먹은 기억을 떠올리면, 뉴런은 빨강, 초록, 분홍처럼 서로 다르게 빛나면서 독특한 모양을 만들어.

이처럼 뇌는 같은 신경망 안에서 서로 다르게 반짝이는 독특

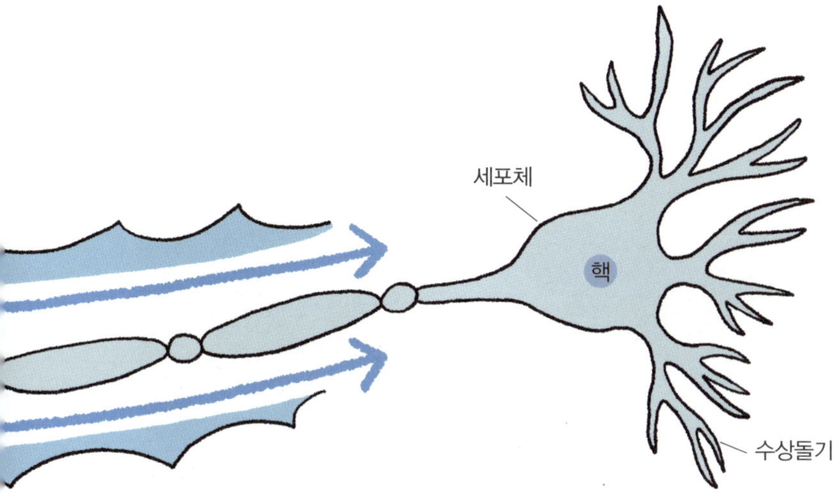

한 흥분 패턴을 만들어서 서로 다른 기억을 구별해서 저장해. 마치 밤하늘에 별자리들이 모두 다른 패턴인 것처럼 말이야. 그리고 나중에 그 기억을 꺼내 쓸 때는 뇌가 다시 그때와 똑같은 흥분 패턴을 반짝이게 만들면서 기억을 떠올릴 수 있게 해.

하지만 우리 뇌는 슈퍼컴퓨터처럼 모든 것을 저장하지는 않아. 뇌는 중요한 정보만 골라서 오래 기억하려고 해. 중요하지 않은 것까지 모두 기억하면 에너지를 너무 많이 써서 뇌가 피곤해지고, 빠른 의사결정을 하는 데 방해가 돼서 오히려 도움이 되지 않기 때문이야. 그래서 뇌는 꼭 필요한 정보만 기억하고 나머

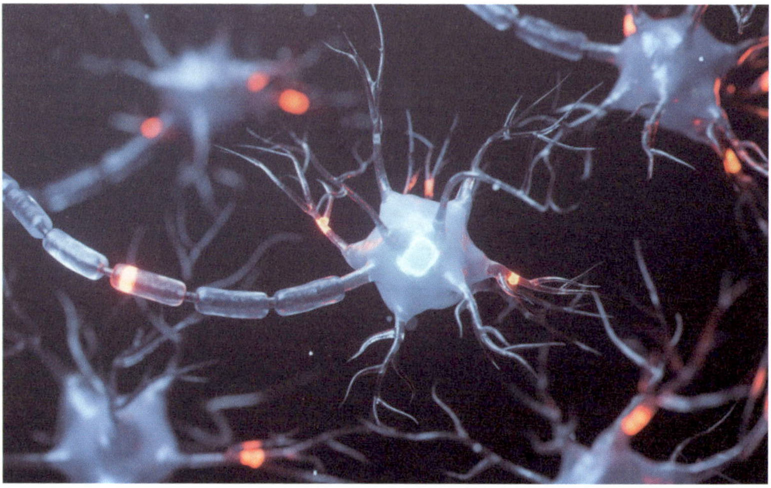

뉴런의 흥분 상태 이미지

지는 없애지. 우리가 스마트폰의 용량을 확보하기 위해서 사진첩에서 중요한 사진만 따로 저장하고, 나머지는 휴지통에 버리는 것과 비슷해.

이 모든 과정을 통해 우리 뇌는 정말 똑똑하게 기억을 관리하고 있어. 그 덕분에 우리는 새로운 걸 배우고, 오랫동안 기억하고, 필요할 때 떠올려서 쓸 수 있는 거야. 우리 뇌가 얼마나 효율적으로 일하고 있는지 알 수 있겠지?

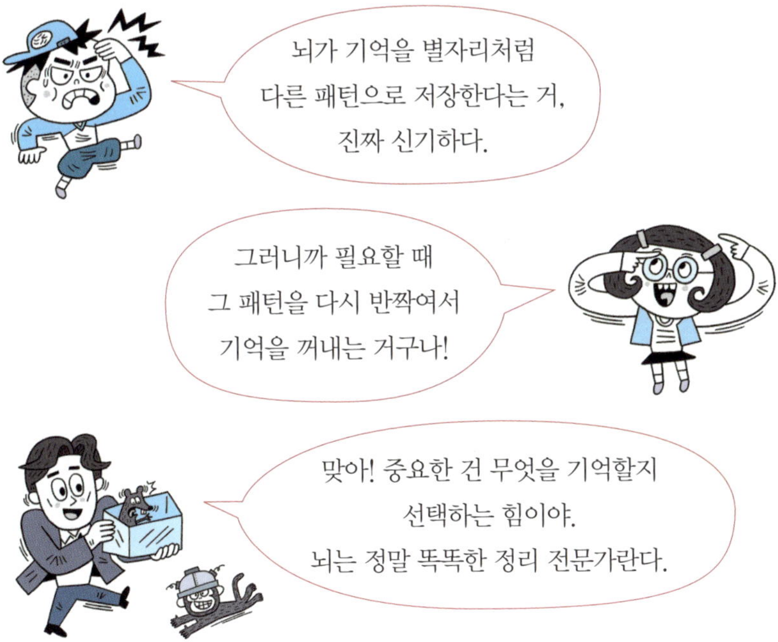
뇌가 기억을 별자리처럼 다른 패턴으로 저장한다는 거, 진짜 신기하다.
그러니까 필요할 때 그 패턴을 다시 반짝여서 기억을 꺼내는 거구나!
맞아! 중요한 건 무엇을 기억할지 선택하는 힘이야. 뇌는 정말 똑똑한 정리 전문가란다.

뇌가 학습하는 능력이 없어지면?

난 열심히 외워도
다음날에는 기억이 안 나.
벌써 치매인가?

내일이 시험인데,
공부하기 싫으니 별소리를
다하네.

치매는 뇌가 나이가
들면서 생기는 병이야.
초등학생이 치매인 경우는
아주 드물어.

우리 뇌는 늘 조용히 일을 하니까, 얼마나 중요한지 잘 못 느끼면서 살기 쉽지. 하지만 우리가 말하고, 걷고, 생각하고, 친구와 어울려 노는 모든 일은 다 뇌가 잘 작동하고 있기 때문에 가능한 거야.

이렇게 중요한 뇌가 제 역할을 하지 못할 때는, 자기 공명 영상 촬영을 통해 뇌가 정상인지 확인해. 뇌 기능이 나빠지는 대표적인 예가 바로 치매야. 치매는 마치 종합 감기처럼 여러 증상이 한꺼번에 나타나는 현상을 말해. 감기에 걸리면 기침, 콧물, 목 아픔 같은 증상이 함께 나타나듯이, 치매에 걸리면 기억력, 생각하는 능력이 떨어지고, 평소에 잘하던 일들이 점점 힘들어 진

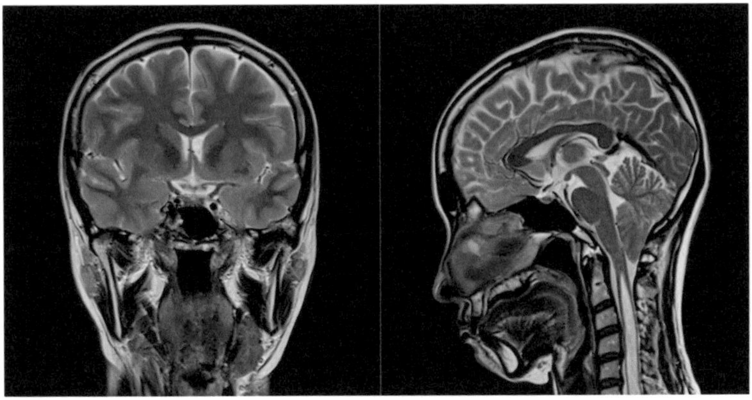

사람 뇌의 자기 공명 영상(MRI) 사진

단다. 치매 중에서도 가장 잘 알려진 병은 '알츠하이머'야. 이 병에 걸리면 뇌의 해마가 먼저 힘을 잃게 돼. 해마는 우리에게 있었던 일을 사진첩처럼 차곡차곡 정리하는 역할을 하거든. 해마가 손상되면 사진첩에서 사진이 한 장씩 사라지듯, 예전에 있었던 일이나 소중한 기억들이 서서히 없어지는 거야. 결국에는 자기 자신이 누구인지조차 모르게 되기도 하지.

우리가 가진 모든 기억을 잃는다는 건
정말 상상하기도 무서운 일이지 않니?

물론, 나이가 들면 친구 이름을 잠시 잊거나 물건을 어디에 두었는지 헷갈리는 것처럼 누구나 깜빡 잊어버리는 일이 생길 수 있어. 이런 건 자연스러운 일이야. 하지만 치매는 이 속도를 아주 빠르게 만들어서 삶을 힘들게 하지.

그래서 뇌인지과학자들은 치매를 미리 막기 위해 열심히 연구하고 있어. 뇌가 아직 크게 아프지는 않지만 조금씩 힘들어지고 있다는 신호를 보내는 아주 초기 단계를 '경도 인지 장애'라고 부르는데, 이때 뇌를 잘 돌봐주면 건강을 되찾을 수도 있거든.

파킨슨병도 기억과 관련이 있어. 이 병에 걸리면 절차적 기억을 담당하는 기저핵, 선조체 등의 뇌 영역이 고장 나게 돼. 그러면 몸을 움직여 어떤 일을 하는 순서가 뒤죽박죽되어 버려. 뇌가 건강한 사람은 물컵을 들 때, 뇌가 '컵을 잡고', '천천히 들어 올리고', '흔들리지 않게 붙잡는 것'과 같은 여러 가지 동작을 한꺼번에 부드럽게 이어서 할 수 있어. 그런데 파킨슨병에 걸리면 이런 움직임이 부자연스러워져. 컵을 잡는 동작 하나하나가 따로따로 분절되면서 불안해 보이고, 손이 계속 떨려서 컵 속의 물을 흘리기도 하지. 몸의 방향을 바꿀 때도 금방 바꿀 수가 없어. 여러 번의 동작을 몸이 기억하는 대로 근육들이 동시에 함께 움직여 줘야 하는데, 그게 잘 안되는 거야.

하지만 놀랍게도, 파킨슨병 환자들도 음악에 맞춰 춤을 추거나 노래를 부를 때는 몸이 부드럽게 움직인다는 연구 결과가 발표되었어. 음악이 멈추면 다시 몸이 뻣뻣해지기는 하지만, 음악이 나오는 동안은 마치 마법처럼 정상적으로 움직일 수 있는 거

몸이 마음대로
안 움직여지네.
방향 바꾸기가
왜 이리 힘들지?

아이고,
신난다!

지.

과학자들은 아직 그 이유를 정확히 밝혀내지 못했지만, 이 발견은 파킨슨병으로 힘들어하는 사람들에게 큰 희망을 주고 있단다. 신기한 건, 치매나 파킨슨병에 걸린 사람들도 어릴 적 추억 같은 일화 기억은 아주 잘 기억하는 경우가 많아. 우리 뇌에는 여러 가지 종류의 학습과 기억 시스템이 있고, 서로 독립적으로 작동하기 때문이란다.

우리 뇌는 나이와 상관없이 자주 사용하고, 몸을 움직이고, 친구들과 신나게 놀고 이야기할수록 더 건강해져. 마치 꾸준히 운동을 하면 몸이 건강을 유지하는 것처럼 말이야. 그러니 우리도 오늘부터 뇌를 잘 알아보고 돌보기 시작하면 어떨까?

우리가 뇌에 대해 잘못 알고 있는 것들

'머리가 크면 똑똑하다', '사람은 뇌의 10퍼센트만 쓴다' 이런 말 들어본 적 있어? 그런데 말이야, 이런 말들은 과학적 근거가 없는 말이야. 사람들이 잘못 알고 있는 뇌 관련 상식들에 대해 알아보자.

머리가 크면 똑똑하다

사람들은 머리의 크기가 크면 뇌 용량이 클 거라는 가정하에 머리가 클수록 똑똑하다고 생각해. 하지만 뇌의 크기랑 똑똑한 건 아무 상관없어. 뇌의 크기보다는 뇌 속의 신경세포들이 얼마나 잘 연결되어 있느냐가 훨씬 더 중요해.

사람은 뇌의 10퍼센트만 쓴다

옛날 사람들은 뇌에 대해서 잘 알지 못했어. 그러다 보니 옛날부터 사람들 사이에 잘못 퍼진 이야기야. 사람이 뇌를 100퍼센트 다 사용할 수 있다면 초능력이 생긴다고 믿는 사람들도 있었어. 하지만 뇌는 상황에 따라 거의 모든 부분을 쓰고 있어. 누구나 거의 100퍼센트 가까이 뇌를 쓰고 있다고 보면 돼.

뇌는 상상과 현실을 구별한다

사실 뇌는 진짜 경험과 머릿속의 상상을 구별하지 못할 때가 많아. 꿈에서 본 걸 진짜로 경험한 것처럼 착각할 때가 있는 것처럼 말이야. 우리 뇌는 진짜처럼 느껴지면 그냥 믿어 버리는 경향이 있어. 그래서 특정한 동물이나 물건을 보고 무서운 생각을 자꾸 떠올리면 진짜 무섭게 느껴질 수 있지. 이와 반대로 좋은 상상, 기분 좋은 장면을 떠올리면 기분이 좋아져.

기억은 바뀌지 않는다

기억의 내용은 늘 똑같지 않아. 뇌 속에서 꺼내 다시 떠올릴 때, 자신이 생각한 대로 편집이 되기도 해. 그래서 예전에 슬펐거나 무서운 기억도 꺼내서 좋게 생각하려고 꾸준히 노력하면 긍정적으로 바뀔 수도 있어. 이건 자꾸 떠오르는 나쁜 기억 때문에 고통을 겪는 사람들의 병을 치료할 때도 활용하는 방법이야.

3장 해마는 내 기억을 찍는 사진사

- 학습에는 해마가 중요하다고?
- 해마가 학습하는 방법은?
- 우리의 뇌가 학습을 잘하려면?
- 학습을 도와주는 뇌의 비밀 무기 '맥락'

학습에는 해마가 중요하다고?

바닷속 동물인

해마가 뇌 속에

산다고요?

앗! 그럼 내 머릿속에도

해마가 있는 거야?

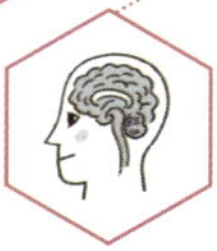

하하. 걱정 마.

뇌 속의 기억을 담당하는

기관이 해마와

비슷하게 생겼을 뿐이야.

우리가 골똘히 생각을 할 때, 머릿속 어딘가가 같이 열심히 움직이는 것 같은 느낌을 받은 적 있어? 어제 친구랑 놀았던 일이나, 엄마랑 갔던 맛있는 음식점 같은 걸 떠올릴 때 말이야. 이런 기억들은 그냥 머리에 쑥쑥 들어왔다가 사라지는 게 아니라 해마에 저장된다는 사실, 이제 알겠지?

앞에서 이야기했듯 해마는 뇌 깊숙한 곳인 '측두엽'에 숨어 있는 아주 중요한 기관이야. 바닷속에 사는 동물 '해마'와 비슷하게 생겨서 그런 이름이 붙었지. 병원에서 뇌를 자기 공명 영상으로 촬영해 보면, 양쪽 뇌에 하나씩, 약 5센티미터 정도 길이의 해마가 있어.

이 해마는 우리의 경험을 기억하고, 그 경험을 바탕으로 미래를 상상하거나 계획할 뿐만 아니라 '애매한 것'을 판단하는 능력도 있어. 아침에 본 우리 집 앞 나무는 저녁에 본 나무와 빛깔이 달라 보여. 하지만 우리는 두 그루의 나무가 같은 나무라는 것을 바로 알 수 있지. 세상에는 완전히 익숙하지도, 완전히 새롭지도 않은 것들이 아주 많아. 다른 예를 들어 볼게. 우리 동네에 사는 강아지를 봤는데, 평소에 보지 못했던 노란 옷을 입고 있어. 그럼 이렇게 생각하겠지. "어? 이 강아지는 내가 아는 코코인 것 같은데 평소와 옷이 다르네?" 바로 이 순간! 우리 뇌는 고민하기 시작해. '이 강아지가 내가 아는 코코일까, 아니면 다른 강아지일까?' 하고. 하지만 곧, 뇌는 코코의 털 색깔, 꼬리 모양, 걷는 모습 같은 다른 특징들을 함께 떠올려서 이 강아지가 코코가 맞다는 걸 알아채게 돼.

조금씩 달라진 모습일지라도 뇌가 '익숙한 것'이라고 판단하기 때문이지. 이렇듯 우리 뇌의 해마는 애매한 상황을 아주 잘 처리해. 만약 조금이라도 애매한 게 보일 때마다 모든 것을 다시 배워야 한다면 어떨까? 아마 우리 뇌는 너무 복잡하고 힘들어서 금방 지쳐 버릴 거야. 해마는 이런 낭비를 막아 준단다. '저건 내가 이미 알고 있는 거야!'라고 판단하면, 해마는 예전의 기억을 꺼내서 바로 행동하게 해 줘. '저건 조금 다른데? 새로운 것 같아!'라고 판단하면, 더 집중해서 새로운 정보를 배우도록 도와주지. 이렇게 해마는 매 순간 애매한 정보들을 현명하게 판단해서 우리가 더 효율적으로 살 수 있도록 도와준단다. 마치 아주 복잡한 문제도 척척 해결하는 똑똑한 비서처럼 말이야.

그뿐만 아니라 해마는 우리가 길을 잘 찾도록 해 줘. 그건 해마 속에 있는 '장소 세포' 덕분이야. 장소 세포를 발견한 과학자는 2014년 노벨 생리의학상을 받은 존 오키프야.

오키프는 쥐의 뇌를 연구하다가 장소 세포를 발견하게 되었는데, 쥐가 실험실의 특정한 곳에 있을 때만 '반짝'하고 빛을 내는 뇌세포가 있었단다. 마치 "나는 지금 여기 있어!"라고 외치는 것처럼 말이야. 오키프는 지속적인 관찰을 통해 해마의 뉴런이 쥐가 특정 공간을 방문할 때만 빛을 내고, 특정 공간에서 벗어나면 활동하지 않는다는 것을 알게 됐지. 장소 세포는 특정한 장소, 예를 들어 '우리 집 소파 앞'이나 '놀이터 그네'처럼 한 곳만 담당해. 이런 장소 세포들이 모두 모여서 우리 뇌 속에 공간의 '지도'가 만들어지는 거야.

노벨 생리의학상을 받은 존 오키프 박사

그렇다면 장소 세포는 어떻게 자기가 있는 곳을 알 수 있을까? 이 비밀은 존 오키프와 노벨 생리의학상을 공동 수상한 모세르 박사 부부가 '격자 세포'라는 또 다른 세포를 발견하면서 풀렸어.

이 세포들은 우리가 얼마나 걸었는지(거리)와 어느 방향으로 갔는지(방향)를 계속해서 계산해 줘. 격자 세포는 "내가 50센티미터를 걸었어!", "오른쪽으로 방향을 바꿨어!"와 같은 정보를 끊임없이 계산해. 이 정보들을 바탕으로 뇌는 현재 내 위치가 어디쯤인지 알 수 있게 되지. 이걸 '경로 통합'이라고 불러. 가장 쉬운 예를 들어 보자면, 마치 깜깜한 밤에 불 꺼진 집 안에서 더듬거리면서도 화장실을 찾아가는 것과 같아.

장소 세포는 우리가 주변의 건물이나 간판 같은 걸 보고 길을 찾을 때 주로 활동해. 만약 주변에 아무것도 보이지 않을 때는 어떻게 할까? 바로 그때 격자 세포가 활약해. 격자 세포가 거리와 방향을 계산해서 현재 위치를 알려 주면, 장소 세포가 그 정보를 받아서 우리가 있는 곳의 지도를 정확하게 완성하는 거야. 이 두 세포가 서로 도와가며 활약한 덕분에 우리는 길을 잃지 않고, 중요한 기억을 장소와 연결해서 잘 떠올릴 수 있단다.

해마에게는 또 한 가지 중요한 능력이 있는데, 바로 '원샷 학습'이야. 원샷 학습은 말 그대로 한 번의 경험만으로도 강하게 기억되는 것을 말해. 처음 가 본 놀이공원에서 놀이기구를 탔는데 너무 무서웠다면, 그 한 번의 경험만으로도 오래 기억에 남는

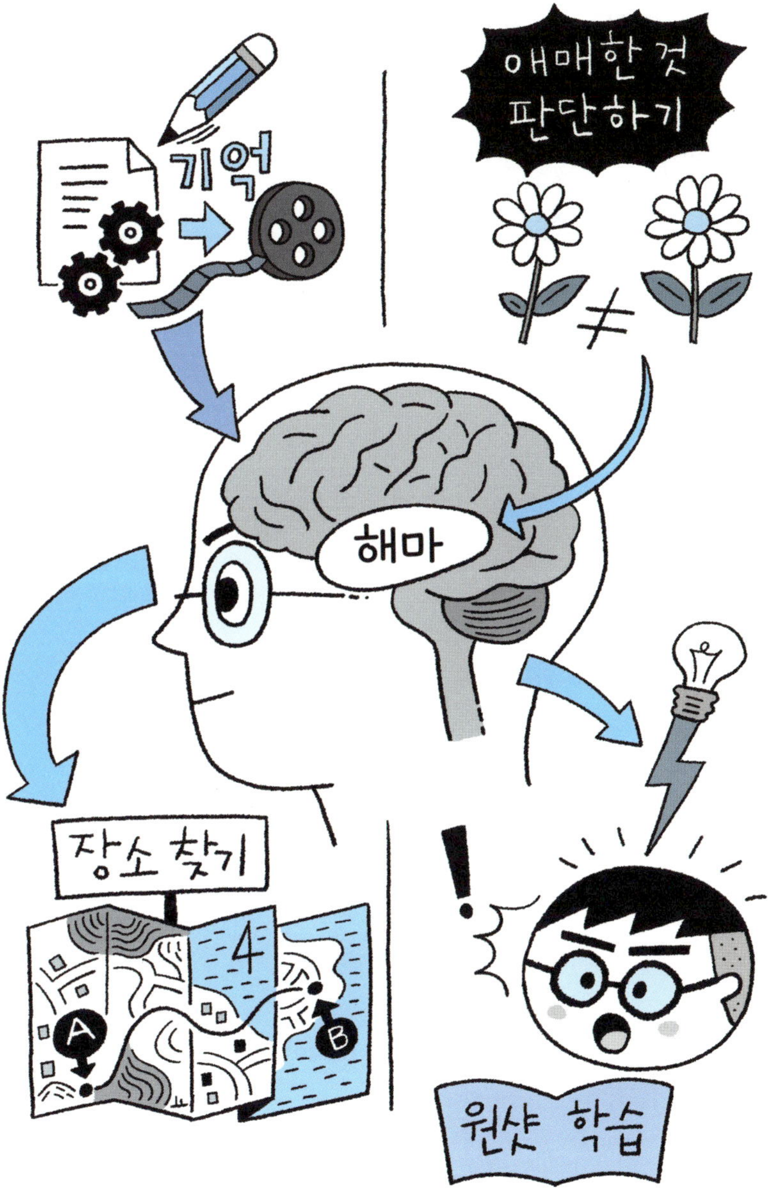
기억
애매한 것
판단하기
해마
장소 찾기
원샷 학습

것처럼 말이야. 이건 해마가 새로운 경험을 짧은 순간에 빠르게 저장할 수 있기 때문에 가능한 일이야. 그래서 우리가 단 한 번 들은 이야기, 한 번 가 본 장소, 처음 먹어본 음식 맛 같은 걸 기억할 수 있는 거야.

만약 해마가 없다면 뇌가 이렇게 빨리 학습을 할 수는 없어. 이런 능력 덕분에 우리는 위험한 상황을 한 번 경험하게 되면 다시는 같은 실수를 하지 않게 되고, 특별한 추억을 오래도록 간직할 수 있어. 해마는 우리가 빠르게 배우고 안전하게 살아갈 수 있도록 도와주는 아주 중요한 역할을 한단다.

해마는 우리가 보고 듣고 느낀 것들을 빠짐없이 기록해. 우리 눈앞에서 일어나는 일들을 카메라로 찍듯 기억으로 저장하고, 나중에 필요할 때 꺼내 볼 수 있게 해 준단다.

우리 머릿속에 해마가 없으면
정말 큰일 날 거야.
그래! 떡볶이 맛집을
찾아가기도 힘들다고!
해마는
단순한 기억 창고가 아니란다.
우리가 살아가는 길을 찾아주는
중요한 나침반이지.

해마가 학습하는 방법은?

내 뇌가 아픈가?
공부를 했는데도 역사 문제를
또 틀렸어.

한 번 읽어보는 것만으로
바로 다 기억할 수 없는 게
당연하지.

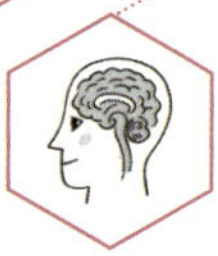

오늘 했던 실수를
뇌가 기억했다가 다음에 더
잘할 수 있게 해 줄거야.

해마는 우리가 뭔가를 새롭게 배울 때, 제일 먼저 움직이는 '학습의 출발점'이기도 해. 그럼 해마가 학습할 때 어떻게 작동하는지, 과학자들이 쥐를 가지고 실험한 예를 한번 볼까?

목마른 쥐를 네모난 방에 넣고, 방 구석 네 곳 중 한 곳에서만 물이 나오도록 했어. 처음에는 쥐가 이리저리 돌아다니다가 우연히 물을 찾아냈지. 그런데 이 상황이 몇 번 반복되니까 쥐는 물이 어디서 나오는지 기억하고, 나중에 다시 그 방에 들어가면 곧바로 물이 나오는 쪽으로 가는 거야. 이게 바로 해마의 '학습'이야. 쥐가 경험으로 '물은 저 구석에서 나온다'라는 규칙을 알아낸 것이지.

그렇다면 쥐의 해마는 뭘 했을까? 처음엔 해마가 단순히 '여기서 물이 나왔어!' 하고 그 장소를 자동으로 기억해 둬. 그런데 나중에 쥐가 다시 그 방에 들어가게 되면, 해마는 '이 방에서는 책장과 시계가 있는 저쪽 구석에서 물이 나왔었지!' 하고 예전의 일화 기억을 떠올리게 돼. 즉, 해마는 그냥 무조건 외우는 것이 아니라, 비슷한 상황에서 다시 쓸 수 있도록 특정한 기억을 유지하는 거야.

해마는 기억을 사진처럼 그대로 저장하지 않아. 마치 깨진 접

시처럼 기억의 조각들을 띄엄띄엄 저장해두는 경우가 많단다. 그러다가 나중에 그 기억을 다시 떠올릴 때, 빈 부분을 주변 정보나 경험을 이용해서 그럴듯하게 채워 넣지. 이 과정을 '기억의 재구성'이라고 해.

마치 퍼즐을 맞추는 것처럼, 해마는 기억 조각들을 다시 짜 맞춰서 하나의 완벽한 그림으로 만드는 거야. 그런데 기억은 때때로 착각을 일으키기도 해. 어떤 장소에 갔을 때 "어? 나 여기 와 본 적 있는 것 같아!"라고 느낀 적 있지? 근데 사실은 처음 가본 곳이야. 해마가 예전에 봤던 비슷한 장소의 기억을 꺼내다가 지금과 헷갈려서 생기는 일이야.

이처럼 해마는 가끔 착각도 하지만,
굉장히 똑똑하게 작동해.

우리가 어떤 걸 처음 보았을 때, 전에 본 거랑 비슷하면 해마는 "이거랑 비슷한 걸 봤어!" 하면서 기억을 완성하는 거야. 이걸 '패턴 완성'이라고 하는데, 패턴 완성은 '익숙함'을 선택하는 거야. 뇌는 새로운 자극이 과거의 기억과 아주 비슷하다고 판단하면, 과거의 기억을 그대로 꺼내서 부족한 부분을 채워 넣지. 마치 퍼즐 조각이 몇 개 없어도 전체 그림이 무엇인지 아는 것처럼 말이야. 이 능력 덕분에 우리는 친구가 머리 모양을 바꿔도, 아침과 저녁의 나무 모습이 달라도, 같은 사람, 같은 나무라는 것을 쉽게 알아볼 수 있어.

반대로 확실히 다른 무언가를 보면, "이건 처음 보는 거야!" 하면서 새로운 기억을 만들어. 이건 '패턴 분리'라고 한단다. 패턴 분리는 '새로움'을 선택하는 거야. 뇌는 새로운 자극이 과거의 기억과 다르다고 판단하면, 아예 새로운 기억을 만들어서 따로 저장해.

비슷한 건물이 많아 보이는 쇼핑몰에 가게 되면, '이전에 왔던 곳이 아니라 완전히 새로운 곳이야!'라고 판단하는 거지. 이 능력 덕분에 우리는 비슷한 경험 속에서도 각각의 사건을 다르게 기억할 수 있어.

패턴 완성

패턴 분리

패턴 완성만 잘한다면 세상 모든 것이 비슷해 보여서 새로운 것을 배우기 어려워져. 반대로 패턴 분리만 잘한다면 너무 많은 것을 새로운 것으로 인식해야만 하기 때문에 불필요한 기억이 쌓이고 뇌가 금방 지쳐버릴 거야. 우리 뇌는 이 두 가지의 균형을 적절하게 맞추면서 효율적으로 학습하고 기억하는 거야. 이런 균형 덕분에 우리는 변화하는 세상 속에서 안전하게 살아갈 수 있단다.

우리의 뇌가 학습을 잘하려면?

진정한 학습은 틀리는 걸 두려워하지 않고 해 보는 거야. 직접 해 보고, 때로는 틀려 봐야 뇌가 배울 수 있기 때문이야. 그래서 '배우는 것'과 '해 보는 것'이 같이 있어야 '학습'이라고 할 수 있어. 한자로도 '배울 학(學)'과 '익힐 습(習)'을 쓰는 이유가 바로 이 때문이란다. 그냥 듣고 보고만 있어선 안 돼. 학교에서 공부할 때뿐만 아니라 놀면서도, 친구랑 얘기하면서도, 새롭게 알게 된 것을 직접 말해 보거나 해 보는 것이 진정한 학습이야.

그런데 사람마다 뇌의 능력이 조금씩 달라. 어떤 친구는 길을 금방 잘 찾고, 어떤 친구는 시간이 좀 더 걸리기도 해. 또 어떤 친구는 숫자를 더 잘 기억하고, 어떤 친구는 음악을 더 잘 기억하기도 해. 뇌의 '능력 차이' 때문이 아니야. 우리 뇌는 어떤 경험을 했고, 뭘 배우고 느꼈느냐에 따라 다르게 자라거든.

예를 하나 들어줄게. 영국의 수도인 런던은 길이 아주 복잡해. 바둑판처럼 반듯반듯한 도시가 아니라, 옛날에 마차가 다니던 길들이 그대로 남아 있어서 골목길도 많고 길도 구불구불하거든. 그래서 런던에서 택시 운전 기사가 되려면 단순히 도로를 암기하는 것만이 아니라, 런던 시내 수천 개의 도로와 명소를 정확하게 기억하고, 최적의 경로를 즉시 계산해 내는 능력을 테스트하는 시험을 보게 된대. 이 시험에 합격하려면 평균 2~4년간 열심히 길을 학습하고 반복 훈련을 해야만 하지.

런던 대학의 엘리노어 맥과이어 박사는 런던 택시 기사들의 뇌를 자기 공명 영상으로 촬영해 봤어. 그랬더니 이들의 해마가 일반 사람보다 훨씬 크다는 것이 밝혀졌지. 런던의 택시 기사들이 원래부터 다른 사람들보다 해마가 더 컸던 것은 아니야. 택시 기사 시험에 통과하려고 계속 길을 외우고 연습하니까 해마가 점점 더 발달한 거지. 해마는 공간 기억과 위치 파악을 하는 핵심적인 역할을 하거든. 특히 런던 택시 기사들의 해마 뒤쪽이 두드러지게 성장하는 모습을 보였는데, 이는 이 부분이 복잡한 도시 공간을 탐색하는 데 필수적인 영역이라서야. 맥과이어 박사의 연구는 뇌가 환경과 경험에 따라 끊임없이 변화하고 적응하는 유동적 기관임을 증명했어. 즉 새로운 학습과 경험이 반복되면 자주 쓰는 뇌의 특정 부위가 선택적으로 더 발달할 수 있다는 거지.

그렇다면 뇌가 강해지려면 어떻게 해야 할까?

뇌를 통해 학습을 잘하려면 '동기'가 중요해. 동기는 어떤 일을 하고 싶게 만드는 우리 마음속의 이유를 말해. 동기가 생기면 '도파민'이라는 물질이 뇌에서 나와. 도파민은 뇌가 더 잘 집중하고, 더 오래 기억하게 만들어 주는 물질이야. 지겨운 수학 문제를 풀 때는 앉아서 10분 공부하는 것도 힘들잖아. 이에 비해 좋아하는 게임을 할 때는 몇 시간을 앉아 있어도 힘든 줄 몰라. 그게 바로 도파민이 동기를 주기 때문이야.

사람의 뇌는 컴퓨터와 달라서, 정보를 넣어 준다고 해서 다 기억하는 게 아니야. 왜 이 공부를 해야 하는지에 대한 동기가 있어야 뇌는 훨씬 더 열심히 일해. 동기가 있으면 뇌는 정보를 더 튼튼하게 저장해서 나중에 잘 잊어버리지 않게 돼. 동기를 가지고 배운 지식은 그냥 머릿속에만 있는 게 아니라, 나중에 다른 문제를 풀 때 똑똑하게 활용할 수 있게 되지.

그리고 학습에는 동기와 더불어 '보상'도 중요해. 예를 들어, 쥐가 자판기를 누르면 먹이가 나와. 그럼 그걸 기억해서 계속 누르지. 이게 보상 때문에 생기는 가장 기본적인 학습이야. 보상이 있으면 뇌는 그 행동을 기억해. 벌을 받아도 기억하지. 이렇게 뇌는 효과가 있었던 행동을 기억하고, 효과가 없었던 건 지워

버려.

동기와 보상은 모든 학습이 이루어지기 위한 조건이야. 동기와 보상이 이루어지면 학습해야 하는 내용에 따라 우리 뇌의 다양한 학습 시스템이 작동해. 하나는 반복적으로 이루어지는 '순서'를 기억하는 시스템이고, 다른 하나는 새로운 상황에 유연하게 적응하기 위해 서술적 '맥락'을 기억하는 시스템이야. 순서를 기억하는 시스템은 반복적인 일을 잘해. 버스를 탈 때 '문이 열리고, 버스에 올라서고, 교통카드를 찍는 것'처럼 매일매일 같은 방식으로 하는 걸 잘 배워서 자동으로 하도록 도와주는 시스템이야. 앞에서 배운 절차적 기억과 같은 거지.

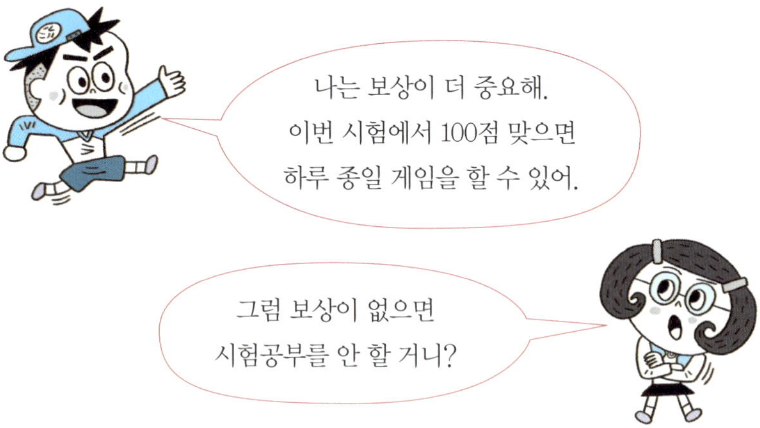

맥락을 기억하는 시스템은, 어떤 분위기나 상황 전체를 한꺼번에 하나의 이야기로 만들어 기억하는 일을 잘해. 예를 들어 교통 사고 현장을 본 사람이 열 명이라면, 열 명 모두 조금씩 다르게 말하지? 똑같은 상황이지만 각자의 뇌가 서로 다르게 만들어 기억하기 때문이야.

세상엔 매일 반복되는 일도 있고, 갑자기 생기는 일도 있잖아? 그래서 뇌도 '순서'와 '맥락'이라는 두 가지 능력을 모두 갖추게 된 거야.

사람은 모두 다르게 태어나. 어떤 친구는 반복을 더 잘하고, 어떤 친구는 새롭고 창의적인 걸 더 잘해. 이처럼 뇌의 여러 부분이 조금씩 다른 덕분에 우리는 모두 다른 능력을 가진 특별한 사람이 되는 거야. 우리 뇌는 두 가지 학습 시스템을 모두 가지고 있으니까 학습을 할 때도 자신에게 맞는 방식을 찾으면 돼.

학습을 도와주는 뇌의 비밀 무기 '맥락'

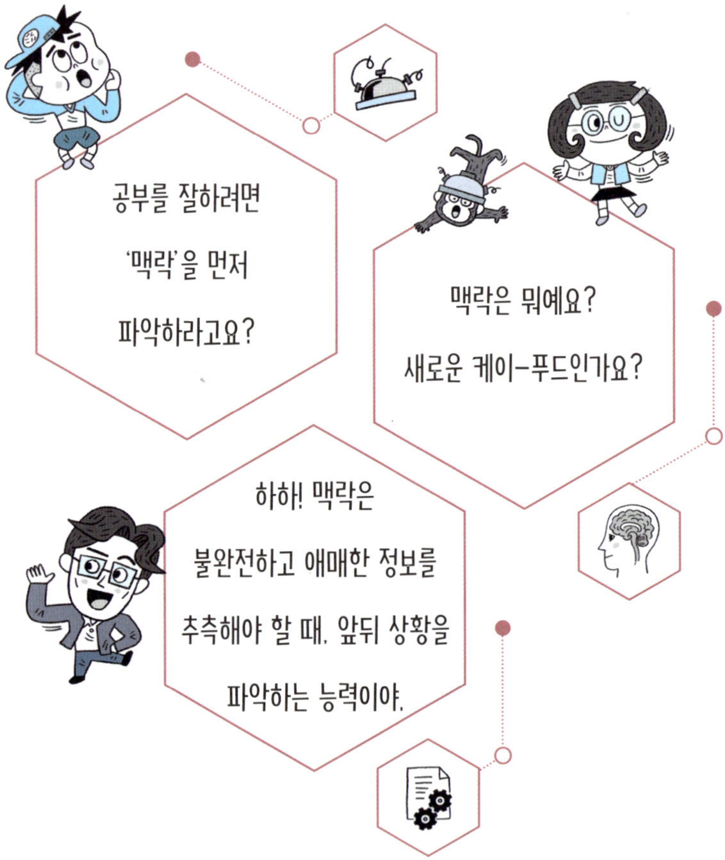

사실 뇌는 완벽하게 보거나 듣거나 기억하지 않아. 오히려 불완전하고 애매한 정보를 받아들이고 추측해서 판단해. 이때 뇌가 쓰는 비밀 무기가 있는데, 그게 바로 '맥락'이야. 맥락은 어떤 일이 벌어진 앞뒤 상황을 파악해서 판단하는 거야. 친한 친구가 "싫어!"라고 말한 것이 장난으로 말했는지, 진짜 화나서 말했는지 맥락에 따라 의미가 완전히 달라지지.

사실 세상에서 일어나는 여러 가지 일들은 뚜렷하지 않고 애매한 경우가 많아. 뇌가 그걸 일일이 계산해서 정확하고 구체적인 정보로 기억하려면 너무 바빠. 그래서 "아, 이건 이럴 거야!" 하고 맥락을 써서 추측해. 이렇게 빠르게 결정하고 행동하면 생존에도 도움이 되거든.

맥락에는 공간적 맥락과 시간적 맥락 두 가지가 있어.

공간적 맥락은 어떤 일이 '어디에서' 일어났는지를 말하는 거고, 시간적 맥락은 어떤 일이 '어떤 순서'로 일어났는지를 말하는 거야. 우리는 보통 공간과 시간을 분리하지 않고, 동시에 경험하니까 '시공간적 맥락'이라고도 해. 즉, 뇌는 '지금 눈에 보이는 것'만 보지 않고, 그 앞뒤 상황과 연결해서 이해한단다. 그리고 나서 앞으로 일어날 일을 미리 짐작하지. '여기에는 아마 이게 있을 거야' 하고 말이지. 예를 들어, 우리는 화장실에 헤어드라이어가 어디 있을지 바로 짐작할 수 있지. 그런데 헤어드라이어를 부엌으로 옮겨 놓으면 찾기 힘들 수 있어. 왜냐하면 부엌이라는 공간적 맥락에서 헤어드라이어를 어디에서 찾아야 하는지에 대한 맥락이 뇌에 없기 때문이야. 이것이 바로 맥락을 이용한 기억이 중요한 이유야.

또 뇌는 보이지 않는 부분도 맥락으로 메꾸어서 보여 줘. 우리 눈에는 아무것도 보지 못하는 '맹점'이라는 부위가 있어. 그런데 우리는 평소에 이 현상을 전혀 알아차리지 못해. 뇌가 주변 정보를 이용해서 맹점이 못 보는 공간을 알아서 채워 주기 때문이야. 신기하지? 하늘에 떠 있는 구름을 보면, 토끼처럼 보일 때가 있어. 그것은 우리 뇌는 토끼를 본 경험이 있어서, 애매한 구름 모양을 토끼 같다고 추측한 거야. 만약 한 번도 토끼를 본 적이 없다면, 그 구름은 절대 토끼 모양으로 보이지 않아. 이처럼 뇌는 애매한 것은 맥락을 써서 빠르게 추측하는 거야.

또 뇌는 보고 싶은 대로 볼 뿐만 아니라 듣고 싶은 대로 듣기도 해. 친구는 "바쁘니?"라고 말했는데, 내 귀에 이 소리가 "바보니?"라고 들릴 수도 있어. 평소에 그 친구가 나를 바보라고 자주 놀렸기 때문에 이번에도 그렇게 말했다고 생각하기 때문이지. 뇌가 한 번 그렇게 들으면, 그게 진짜처럼 느껴져. 뇌가 얼마나 쉽게 한쪽으로 치우치기 쉬운지 알겠지?

뇌는 애매하면 불안하니까 어떻게든 확실하게 만들려고 잘못된 결정을 내리는 경우도 적지 않아. '눈 가리고 콜라 맞히기' 같은 게임도 뇌의 이 특징을 이용한 거야. 콜라랑 사이다는 맛이 아주 다를 것 같지만, 실제로 눈을 가리고 마시면 구별하기 어려울 때가 많아. 콜라 캔에서 볼 수 있는 빨간색 상표 같은 '시각적 맥락 단서'가 없으면, 그냥 둘 다 단맛 나는 탄산음료처럼 느껴지기 때문이야.

촉각도 마찬가지야. 상자 안에 여러 가지 물건을 넣고 손을 넣어서 물건을 알아맞히는 게임이 있어. 그런데 이 게임을 하는 사람 중에 상자 안에 손을 넣기도 전에 무서워하는 사람들이 있단다. 왜 그럴까? 우리는 보통 눈으로 먼저 보고, 귀로 소리를 듣고, 마지막에 손으로 만져서 확인해. 그런데 상자 안에 무엇이 있는지 눈으로 확인할 수 없으면 뇌가 "이거 뭐야? 무서워!" 하고 불안해하는 거야. 만지기 전에 눈으로 보거나 귀로 들어야 맥락적으로 예측하고 안심할 수 있는데, 볼 수도 들을 수도 없으니까 뇌가 긴장하는 거야.

마술사들도 우리의 뇌가 맥락적인 사고를 하지 못하도록 여러 가지 도구나 방법을 사용해서 마술을 보여 줘. 마술사들은 마술을 시작할 때 한 손에 화려한 도구를 들고 "여기 보세요!" 하고 외치거나 손으로 멋진 동작을 보여 줘. 그러면 우리의 뇌는 자연스럽게 그쪽을 집중하지. 그 사이 마술사들은 동전을 전혀 예상치 못한 곳에 숨겨. 우리의 뇌는 동전이 옮겨진 것을 보지 못했기 때문에 동전이 사라졌다는 불가능한 결론에 도달하게 된단다. 우리 뇌는 모든 것을 동시에 보지 못하기 때문에 그 상황을 맥락적으로 이해하기 어려워.

우리가 공부를 할 때도 뇌의 맥락을 이용해 판단하면 좋아. 그러니까 공부할 때 일단 외우려고만 하지 말고, 그 내용이 어떤 상황에서 나왔는지, 왜 중요한지, 누구와 있었는지, 어떤 환경이었는지, 어디서 들었는지, 느낌과 냄새 등도 같이 기억하려고 노력해 봐. 그러면 뇌가 "오, 이건 중요한 거구나!"라고 판단해서 더 잘 저장하고 훨씬 쉽게 기억을 떠올릴 수도 있단다.

← 가짜손

뇌가 꾸준히 학습해야 하는 까닭은?

뇌는 매일 같은 것을 꾸준히 학습할수록 점점 더 강해져. 유명한 무술인이 "어쩌다 하루에 천 가지 발차기를 한 번씩 하는 사람보다, 한 가지 발차기를 천 일 동안 매일 한 사람이 더 무섭다."라고 말했어. 그만큼 꾸준히 노력한 사람의 학습이 더 완벽하다는 거야.

새해가 되면 "올해부터는 매일 달리기를 해야지." 하고 다짐하는 경우가 많잖아. 처음 하루이틀은 열심히 달리지만 며칠만 지나도 꾀가 나서 이 핑계 저 핑계를 대면서 운동장으로 나가지 않는 경우가 많아. 왜냐하면 꾸준히 하는 게 제일 어렵기 때문이야. 그래서 어떤 사람은 운동 기구를 방에 놔두고 눈에 보일 때마다 조금씩 해 본대. 기타도 여기저기 걸어놓고 지나가다 한 번씩 "퉁!" 치는 거야. 그게 뇌에 습관으로 남는 훈련이 되는 거지. 그렇게 매일 조금씩이라도 하는 습관을 만들려면 자신의 환경을 그렇게 만들어 놓아야 해. 그러면 뇌가 달라지고 학습도 훨씬 쉬워질 거야.

그런데 똑같은 방법으로 반복하는 학습은 재미없고 지루하잖아?

그래서 여러 가지 방법으로 반복하는 게 더 좋아. 친구들끼리 똑같은 내용을 각자 다르게 퀴즈처럼 만들거나 다른 상황에서 떠올려 보는 등 여러 맥락과 함께 기억하면, 뇌는 같은 내용을 더 깊이 이해하게 돼. 또 친구랑 토론을 해 보거나, 글로 써보거나, 역할극처럼 몸으로 표현해 보는 것도 아주 좋아. 이런 다양한 방법은 학습을 할 때 재미있고 창의적으로 만들어 주고, 지루하지 않게 도와줘.

학습을 할 때 엄청 빨리 배우는 사람이 있어. 하지만 그런 사람은 그만큼 쉽게 싫증을 내거나 금방 포기할 수도 있어. 반대로 배우는 속도가 느린 사람도 있지. 하지만 그만큼 오래오래, 꾸준히 해서 나중에는 빨리 배운 사람보다 더 잘하게 되는 경우도 많아. 그러니까 누가 더 빨리 배우느냐보다 누가 더 꾸준히 하느냐가 중요해. 내게 맞는 속도대로 꾸준히 하면 되는 거야.

4장 망각하는 뇌

- 해마가 없다면 기억을 모두 잃을까?
- 모든 것을 다 기억하면 좋을까?
- 망각이 꼭 필요한 까닭은?
- 뇌도 운동이 필요해!
- 시뮬레이션 뇌 훈련법

해마가 없다면 기억을 모두 잃을까?

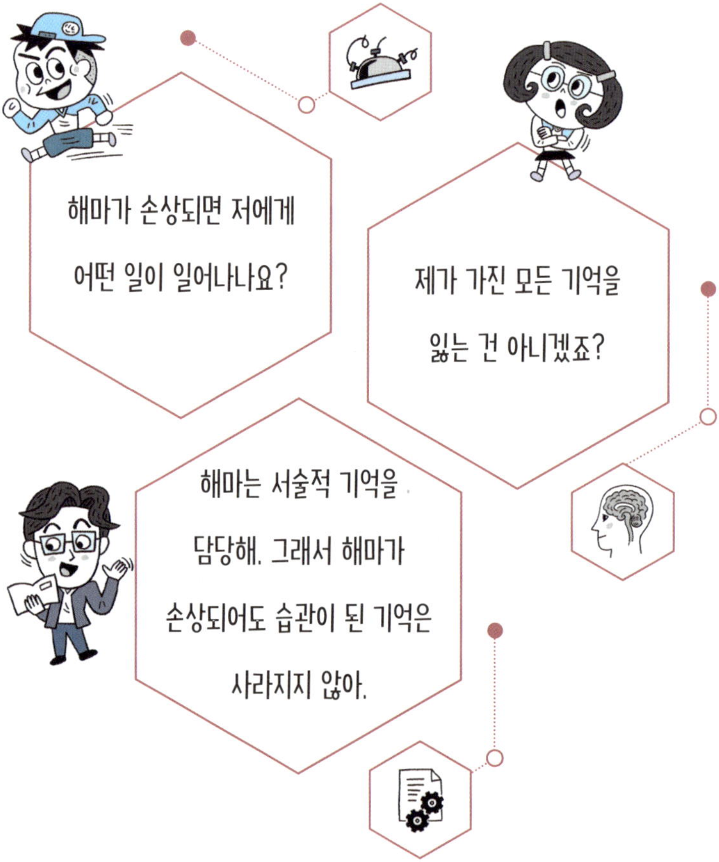

기억이 해마와 어떤 연관이 있는지 알게 해 준 아주 중요한 인물이 있어. 바로 헨리 몰레이슨이야. 과학자들은 이 환자 이름의 첫 글자를 따서 'HM'이라고 불러. HM은 9살 때부터 '뇌전증'을 앓았어. 뇌전증은 갑자기 의식이 사라지고 발작이 일어나서 팔다리가 마음대로 움직이지 않게 되는 병이야. 발작이 일어나면 뇌를 통제할 수 없는 상태가 되지.

HM의 뇌전증은 점점 심해지고 약으로도 나아지지 않아서 가족들은 윌리엄 스코빌이라는 의사를 찾아갔어. 아직 현대처럼 의학이 발달하지 않았던 시기인 만큼, 스코빌은 전례가 없는 뇌 수술을 제안했어. HM의 해마를 도려내면 뇌전증이 사라질 거라고 생각했기 때문이지. 수술을 해서 해마를 떼어낸 뒤 발작이 줄어들었어. 하지만 예상하지 못한 일이 생겼어. HM이 새로운 것을 전혀 기억하지 못하게 된 거야. 누가 인사하고 나서 잠깐 자리를 비웠다가 돌아오면, HM은 그 사람을 처음 보는 것처럼 다시 인사했어. 아침 식사로 뭘 먹었는지도, 어딜 갔다 왔는지도 기억하지 못했지. 거울에 비친 자기 얼굴을 보고도 다른 사람인 줄 알고 인사를 할 정도였어.

HM은 자전거를 타거나 그림을 그리는 등 몸으로 익히는 건 여전히 잘했어. 하지만 HM은 자기가 방금 자전거를 타거나 그림을 그렸다는 사실을 전혀 기억하지 못했어. "나는 이런 거 해 본 적 없어."라고 말하면서도, 자전거를 잘 탈 수 있었고 그림을 잘 그렸던 거야.

스코빌은 신경심리학자인 브렌다 밀너 박사와 함께 HM을 데리고 지능 검사를 비롯한 다양한 검사를 진행했어. 그 결과 HM은 절차적 학습으로 배운 습관적인 기억이나 운동 등은 해마가 있는 사람들과 다를 바가 없이 잘한다는 것을 알게 됐어. HM을 통해 해마가 어떤 역할을 하는지 알게 된 거지.

HM 말고도 해마의 역할과 중요성을 알게 해 준 KC라는 환자가 있었어. KC는 자동차 정비사였는데, 교통사고를 당해 해마를 크게 다쳤어. 이 사고 때문에 KC는 기억 체계에 문제가 생겼지만, 자동차를 고치는 방법은 하나도 잊지 않았어. 일화 기억을 연구하고 있던 툴빙 박사는 KC를 인터뷰했어. KC에게 자동차 바퀴를 어떻게 갈아야 하는지 물었더니, KC는 자동차 바퀴를 교체하는 방법에 대해서 아주 자세하게 설명해 주었어. 자동차를 수리하는 기술은 완벽하게 기억하고 있었던 거야. 하지만 자동차를 수리하는 기술을 언제 어디서 누구에게 배웠는지 물어보면 전혀 대답하지 못했지. 자동차를 고치는 기술은 절차적 기억으로 몸이 기억하는 기술이야. 이런 기억은 해마가 아니라 뇌의 기저핵, 선조체에 저장돼. 그래서 해마가 없어도 기억하는 거야. 하지만 언제 어디에서 배웠는지 누구에게 배웠는지 같은 서술적 기억은 해마가 담당해. 그래서 해마가 손상되면 사라지는 거였지. 과학자들은 HM과 KC 같은 사람들을 통해 해마가 기억에서 어떤 역할을 맡고 있는지, 얼마나 중요한지를 알게 되었어.

모든 것을 다 기억하면 좋을까?

축구 게임 하는 날을 몽땅 기억하면 좋을 텐데……. 저는 머리가 나쁜 걸까요?

저도요. 한번 읽은 것을 몽땅 까먹지 않았으면 좋겠어요.

모든 경험을 하나도 빠짐없이 기억한다면, 오히려 안 좋은 점도 많단다.

책을 한 번만 쓱 보기만 해도 다 외울 수 있다면 시험에서 늘 100점을 맞을 수 있을 거야. 영화 속 천재 탐정처럼 기억력을 써서 문제를 척척 풀 수도 있다면 정말 멋질 것 같지?

그런데 만약 지금까지 본 것, 들은 것, 느낀 것, 했던 일을 빠짐없이 전부 기억한다면 어떨까? 실제로 이렇게 특별한 능력을 가진 사람들이 있어. 이 특별한 능력을 '초월적 자서전 기억'이라고 하는데, 대니얼 매카트니도 그런 능력을 가진 사람 중 한 명이야. 사람들이 매카트니에게 "1828년 10월 8일에 무슨 일이 있었나요?"라고 물으면, 매카트니는 2초쯤 생각한 다음 이

렇게 대답했어.

"수요일이었어요. 그날 안개비가 내렸는데, 아버지가 석탄을 캐러 간 곳으로 저녁 식사를 갖다드렸습니다."

나중에 확인해 보았더니 매카트니의 기억은 정말 정확했어. 이렇게 초월적 자서전 기억을 가진 사람들은 거의 항상 요일과 날씨부터 말한 다음, 그날 있었던 일을 떠올린다고 해.

그렇다면 초월적 자서전 기억을 가진 사람들은 학습 능력이 뛰어날까? 그렇지는 않아. 왜 그럴까?

사람들은 대부분 살면서 좋은 일만 겪고 사는 게 아니잖아. 사람이 살다 보면 귀신을 본 것 같을 때나, 무서운 일을 당하거나, 길을 가다 넘어져서 다치는 일처럼 힘들고 아픈 일도 생겨. 그런 나쁜 기억들이 전부 생생하게 떠오른다면 얼마나 괴롭겠어. 실제로 이 능력을 가진 사람들 중에는 과거에 무서웠던 장면이 머릿속에 너무 또렷하게 떠올라서 고통스러워하는 경우도 있어. 마치 나쁜 일을 평생 계속 반복해서 겪는 것처럼 느껴지는 거야.

그리고 기억이 너무 많으면 결정을 빨리 내리기도 어려워져. 음식점에서 메뉴를 고를 때를 생각해 봐. 예전에 정말 맛있게 먹었던 음식 한두 가지만 기억하면 금방 고를 수 있겠지. 그런데 예전에 맛있었던 음식, 별로였던 음식, 부모님이랑 같이 먹었던 음식, 배탈 났던 음식, 친구랑 싸우고 먹었던 음식까지 전부 떠오르면 어떨까? 메뉴 하나 고르는 데도 시간이 엄청 오래 걸릴 거야.

망각이 꼭 필요한 까닭은?

만약 우리가 겪은 아주 무섭고 힘든 일들을 하나도 잊지 못하고 평생 계속 기억하게 된다면 어떨까? 큰 사고를 당했거나 누군가에게 매우 놀란 적이 있다고 해 보자. 시간이 오래 지나도 그때의 장면이 영화처럼 똑같이 떠오른다면, 그럴 때마다 무섭고, 가슴이 두근거리고, 손에 땀이 날지도 몰라. 이런 상태를 '외상 후 스트레스 장애'라고 해. 줄여서 PTSD라고 부르지.

이렇게 시간이 오래 지나도 그 기억이 똑같이 떠오르는 건, 뇌가 '이건 너무 위험해! 다시는 당하면 안 돼!' 하고 판단해서 기억을 꽉 붙잡고 있기 때문이야. 뇌가 이렇게 기억하는 것은 다시는 그런 일을 겪지 않도록 하기 위해서지.

빠방!
빠방!
쾅쾅
컹
컹

하지만 기억을 너무 강하게 붙잡으면 일상생활이 힘들어져. 어두운 곳에서 무서운 일을 겪은 사람은 어두운 골목길을 걷는 것조차 두려울 수 있어. 골목 사진만 봐도, 비슷하게 어두운 곳만 가도 갑자기 무서운 기분이 몰려와 몸이 굳어 버리거든. 또 전쟁을 겪은 군인들은 전쟁이 끝난 뒤 폭죽 소리 만들어도 총알이 날아오는 줄 알고 몸을 숨기기도 해.

하지만 다행히 대부분의 사람에게는 '망각'이라는 능력이 있어. 망각은 필요 없는 기억은 자연스럽게 잊고, 중요한 기억은 오래 간직하는 힘이야. 망각은 우리에게 꼭 필요해. 만약 힘든 기억이 평생 계속 떠오른다면 편하게 살 수 없을 거야. 잊어버릴 수 있기 때문에 우리는 과거에 묶이지 않고 지금을 살 수 있어.

사람들은 보통 많이 기억할수록 좋다고 생각해. 하지만 사실은 잊는 것도 뇌의 중요한 능력이야. 유명한 심리학자인 윌리엄 제임스도 이렇게 말했어.

"잊어버리는 것은 기억하는 것만큼이나 중요하다. 모든 걸 다 기억한다면, 아무것도 제대로 기억하지 못하는 것과 같을 수 있다."

기억하는 능력뿐만 아니라 잊어버리는 능력도 우리를 편하게 해 주는 아주 소중한 기능이야. 뇌는 기억과 망각의 균형을 이루면서 우리가 더 행복하게 살 수 있도록 도와주고 있어. 망각이야말로 우리의 뇌가 컴퓨터와 다른 특별한 점이란다. 우리의 뇌는 컴퓨터처럼 무조건 다 저장하는 게 아니라, 꼭 필요한 정보만 골라서 기억하기 때문에 훨씬 더 똑똑하고 지혜로운 거지. 그래서 뇌는 자주 쓰는 기억은 잘 간직하고, 거의 쓰지 않는 기억은 버리는 방식을 선택해. 그래야 더 효율적으로 움직이고 살아남을 수 있어. 또, 기억을 저장하고 꺼내 쓰는 데에도 에너지가 들어. 에너지를 끝없이 쓰다 보면 몸이 힘들어져서 위험해질 수 있어. 그래서 우리 뇌는 꼭 필요한 기억만 간직하도록 똑똑하게 일하는 거야.

뇌도 운동이 필요해!

머리를 휙휙 돌리면서
운동하면 머리가 좋아질까요?

아이고,
그런다고 뇌가
좋아지겠니?

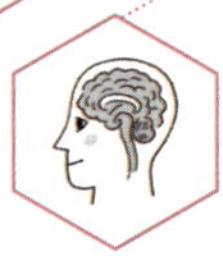

뇌 운동을 하라는 것은
뇌 전체가 자극받도록 다양한
경험을 해 보라는 뜻이야.

뇌가 건강하면 공부도 더 잘 되고, 기분도 좋아지고, 몸도 잘 움직일 수 있어. 반대로 뇌가 지치거나 아프면 아무것도 하기 싫어지고 자꾸 실수할 수도 있어. 그럼 어떻게 해야 우리 뇌를 튼튼하게 지킬 수 있을까?

뇌는 '가만히 쉬는 것'보다 '즐겁게 쓰는 것'을 좋아해.

"머리가 너무 아파! 이제 좀 쉬어야지……."

이런 말, 들어본 적 있지? 그래서 바닷가나 경치 좋은 곳에 가서 아무것도 하지 않고 쉬고 싶어 하잖아. 하지만 이것은 몸을 편안하게 하는 거지, 뇌를 쉬게 하는 게 아니야. 뇌는 우리가 자는 동안에도 쉬지 않고 일하거든. 오히려 뇌를 쓰지 않을수록 뇌 건강에 좋지 않아. 재미있는 책을 읽거나, 친구와 수다를 떨거나, 그림을 그리거나, 새로운 것을 배우면 뇌는 신이 나서 더 기운을 내. 뇌는 쉴 때조차도 뭔가를 상상하거나 떠올리는 걸 좋아하기 때문이지. 그러니까 뇌에게 가장 좋은 휴식은 그냥 멍하게 있는 게 아니라, 재미있게 생각하고 상상하는 거야.

요즘에는 사람들이 '쇼트 폼'이라는 15초 정도의 짧은 동영상을 즐겨 봐. 짧은 동영상은 깊이 생각하지 않아도 웃기거나 재미있게 느껴지도록 만들었기 때문에 계속 보게 돼. 그런데 이렇게 짧은 동영상만 계속 보다 보면 뇌가 게을러질 수 있어. 뇌가 오래 집중하는 힘과 맥락을 파악하는 힘을 잃게 되거든. 뇌가 튼튼해지려면 긴 이야기책을 읽거나, 영화나 음악을 느긋하게 감상하는 게 좋아. 오래 집중할 수 있는 활동은 뇌 속의 여러 부분을 연결시켜서 생각하는 힘과 창의력을 키워준단다.

그래서 뇌도 운동이 필요해. 몸이 건강하려면 운동을 해야 하듯이, 뇌도 마찬가지야. 매일매일 똑같은 일만 하면 뇌가 지겨워서 덜 활동하게 돼. 게임만 계속하거나 숙제만 반복하면 뇌의 일부분만 자꾸 사용되거든. 하지만 악기 배우기, 여행 가기, 새로운 놀이 해 보기, 친구와 역할놀이 해 보기처럼 새로운 활동을 하면 뇌 전체가 고루 자극을 받아서 훨씬 더 건강하고 활발해져.

특히 '상상'은 뇌에게 아주 좋은 운동이야. "내가 우주인이 된다면 어떨까?", "공룡이랑 친구가 된다면 어떤 느낌일까?" 같은 상상을 하면서 그 장면을 자세히 그려볼 때 해마가 가장 바쁘게 움직이거든. 해마는 기억을 정리하고, 머릿속에서 지도를 만들고, 관계를 생각해 보는 역할을 하니까 말이야. 그래서 상상을 많이 하면 기억력도 좋아지고 창의력도 쑥쑥 자라나. 작가나 화가, 음악가처럼 창의적인 일을 하는 사람들은 이 상상력 덕분

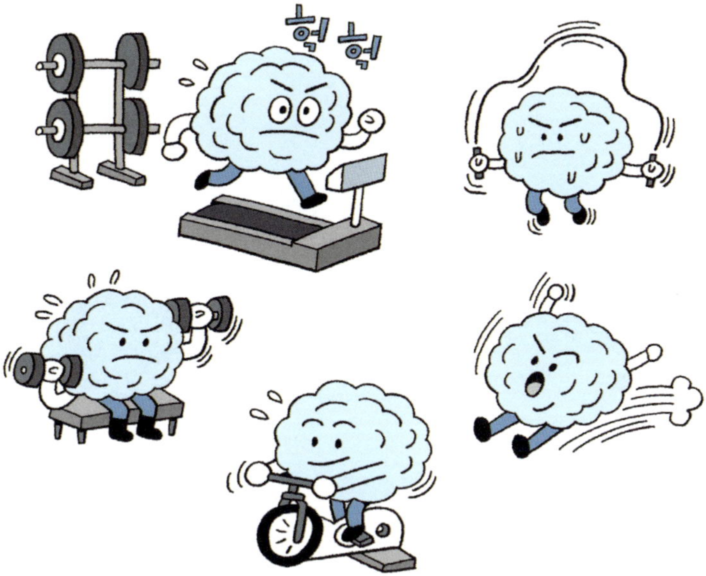

에 멋진 작품을 만들어 내는 거야.

뇌는 사용하면 사용할수록 더 발전해. 언젠가는 "오늘은 해마 운동하는 날!" 하며 뇌의 각 부분을 헬스를 하듯 훈련하는 시대가 올 수도 있어.

시뮬레이션 뇌 훈련법

시뮬레이션을 해 보면

뭐가 좋아요?

나는 밤마다

내일 입고 갈 옷을

미리 생각해 둬요.

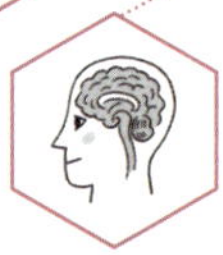

시뮬레이션을 잘하면

미래를 미리 대비할 수

있단다.

아기의 뇌 속에는 많은 신경망이 연결되어 있어. 이 신경망은 우리가 사는 데 필요한 것보다 훨씬 많아서, 마치 나무와 덩굴이 마구 얽혀 있는 밀림 같아. 그런데 이런 신경망은 너무 빽빽해서 정보가 잘 오가지 못해. 아기의 뇌는 성장하면서 쓸모 있는 연결은 남기고, 필요 없는 건 잘라내면서 잘 가꾼 정원처럼 길을 만들어 정보가 잘 흐르도록 만들어.

밀림 같은 신경망을 잘 가꾼 정원처럼 만들려면 어떻게 해야 할까? 일단 경험을 많이 해야 해. 경험은 뇌에 발자국 같은 흔적을 남기고, 그 흔적은 독특한 기억이 되거든. 그리고 독특한 기억은 독특한 시뮬레이션을 가능하게 해 줘. 시뮬레이션이 뭐냐고? 한마디로 '앞으로 벌어질 일을 머릿속에 펼쳐보는 상상 연습'이라고 할 수 있을 거야. 저녁에 잠자리에서 내일 해야 할 일을 미리 머릿속으로 그려 본 적이 있지? "내일은 뭘 입고 가지?", "내일 친구들과 함께 점심으로 피자를 먹을까?" 같은 생각들 말이야. 이게 바로 '시뮬레이션'이야.

몇 번의 경험만 하고도 할 수 있는 시뮬레이션은 인공지능이 할 수 없는 사람 뇌의 능력 가운데 하나야. 인공지능이 아무리 발전해도 스스로 상상해서 미래를 그려볼 수는 없으니까.

시뮬레이션은 경험을 많이 해 봐야 잘할 수 있어. 요리를 해 본 경험이 없는 사람은 시장에 가서 뭘 사야 어떤 요리를 만들 수 있는지 상상하기 힘들어. 반대로 요리를 많이 해 본 사람은 재료만 봐도 어떤 음식을 만들 수 있을지 금방 떠올리지. 라면을 많이 끓여본 사람은 "라면에 치즈를 넣으면 어떨까?" 하고 새로운 조합을 떠올릴 수 있어. 또, 쿠키를 구워 본 사람은 "쿠키 반죽에 초콜릿 대신 딸기를 넣으면 맛이 어떨까?" 하고 상상할 수 있지.

반대로 요리를 한 번도 해 본 적이 없는 사람은 이런 상상을 하기가 힘들어. 재료가 어떻게 변하는지, 어떤 맛이 어울리는지 잘 모르기 때문이야.

시뮬레이션은 쉽게 연습할 수 있어. 자기 전에 오늘 있었던 일을 떠올려 봐. "오늘 친구한테 너무 심하게 말한 건 아닐까?", "내일은 좀 더 친절하게 말해야지." 하고 생각해 보는 것도 시뮬레이션 연습이야. 그냥 기억만 떠올리는 게 아니라, "다음엔 이렇게 해 볼까?" 하고 상상까지 해보는 거지.

시뮬레이션을 반복하면 우리 뇌 속 신경망이 잘 연결돼서 머릿속 정원이 점점 더 뚜렷하고 멋지게 꾸며져. 그럼 예전에 했던 경험을 꺼내서 다른 방법으로 다시 생각해 볼 수 있어. 하나의 경험이 여러 가지 경험을 만들어 내는 거지. 그러니까 새로운 걸 많이 해 보고, 모르는 걸 배우고, 하루를 돌아보면서 내가 어떤 사람이 되고 싶은지 자주 상상해 봐. 그렇게 하면 과거의 경험들이 멋진 내일을 만들어 줄 거야.

뇌가 학습을 잘하는 비밀, '메타 인지'

'메타 인지'라는 말을 들어본 적 있니? 메타 인지는 '나는 지금 잘 학습하고 있나?' 하고 스스로 점검하는 능력이야. 사실 이건 뇌가 건강한 사람이면 누구나 가지고 있어. 인간의 뇌가 처음부터 가지고 있는 능력이지.

예를 들어, 수학 문제를 푸는데 계속 틀린다면 "왜 자꾸 틀리지? 내가 하는 방법이 틀렸나? 방법을 바꿔 봐야겠다!" 하고 생각하지? 이렇게 내가 뭘 잘하고 있고, 뭘 못하고 있는지 스스로 점검하고 고치는 능력이 바로 메타 인지야. 공부할 때 "나 오늘 집중이 안 되네?"라고 느끼는 것도 바로 메타 인지 덕분이야. 그럴 땐 "잠을 못 자서 그런가?", "기분이 안 좋아서 그런가?" 하며 스스로 진단하면서 더 나은 방법을 찾게 해주지.

기계나 인공지능은 메타 인지 능력이 없어. 물론 지식을 외워서 답하는 건 인공지능이 더 빠르고 정확해. 하지만 사람의 뇌는 스스로 판단하고 상황을 바꿀 수 있어. 사람은 똑같이 하는 걸 잘하는 게 아니

야. 새로운 걸 생각하고, 다른 사람을 이해하고, 문제를 다르게 해결하는 게 사람의 진짜 능력이야.

메타 인지는 운동처럼 훈련할 수 있는 능력이야. "내가 이걸 왜 틀렸지?", "어떤 방법이 더 좋았을까?" 하고 스스로 물어보는 습관을 자주 들이면, 메타 인지가 더 잘 작동해. 너희 뇌는 지금도 놀라운 능력을 키워나가고 있어. 똑같은 문제를 풀어도 너만의 방식으로 생각하고, 상상하고, 실수도 해 볼 수 있어. 그게 진짜 배우는 거야.

앞으로 세상은 '정답을 아는 사람'보다 '새로운 질문을 던지는 사람'을 더 많이 원할 거야. 그러니까 너는 너답게 생각하고, 궁금한 것은 꼭 물어봐. 실수해도 괜찮아. 너는 기계가 절대 따라올 수 없는 아주 특별한 존재니까.

5장 인공지능과 학습

- 인간의 뇌를 모방한 인공지능
- 인공지능과 인간의 뇌는 어떻게 다른가?
- 인공지능 시대, 어떻게 학습해야 할까?

인간의 뇌를 모방한 인공지능

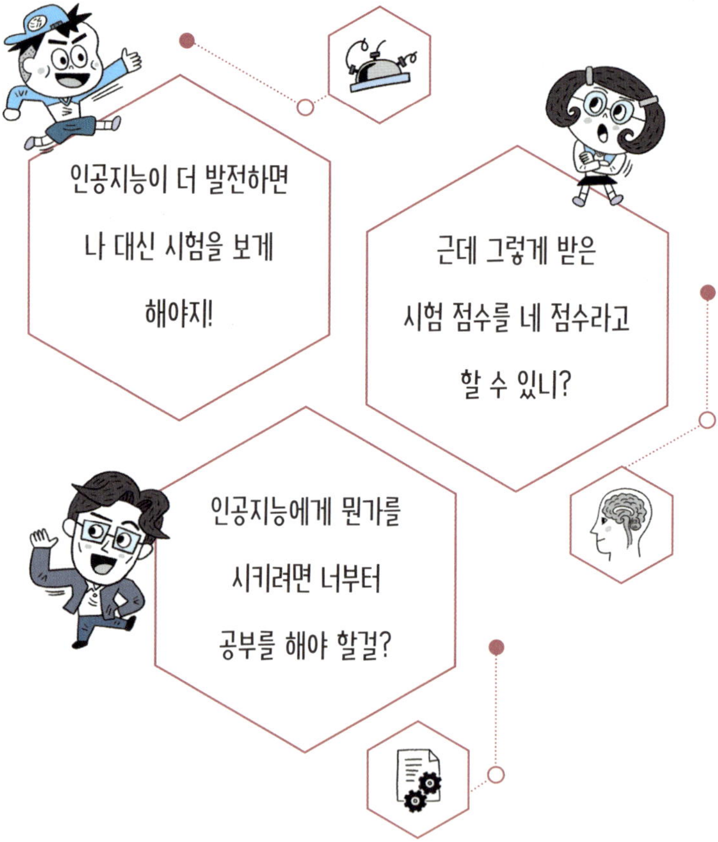

2016년, 전 세계를 깜짝 놀라게 한 바둑 대결이 있었어. 바로 바둑 천재인 이세돌 9단과 인공지능 알파고의 대결이었지. 알파고는 수많은 바둑 기보(기록된 경기 내용)를 공부하고, 수많은 경우의 수를 계산해서 바둑을 두는 인공지능이야. 사람들은 처음엔 이세돌이 쉽게 이길 거라고 생각했어. 하지만 결과는 놀라웠어. 알파고가 5판 중 4판을 이겼고, 이세돌은 딱 1판만 이겼단다. 게다가 그 이후로는 어떤 바둑기사도 알파고를 이긴 사람이 없었어. 이세돌만이 인공지능을 상대로 승리한 유일한 바둑 기사가 된 거야. 사람들은 "우아, 인공지능이 사람보다 바둑을

알파고를 개발한 허사비스와 이세돌 9단

더 잘 두네!"라고 놀랐지만, 다시 생각해 보면 정말 대단한 건 이세돌이야. 작고 가벼운 뇌 하나로, 오랜 세월 누적된 바둑의 수를 모두 배운 초고속 컴퓨터를 상대로 승리한 거니까 말이야.

이 알파고를 만든 사람이 허사비스라는 건 이제 알고 있지? 그런데 허사비스 말고도 인공지능 발전에 큰 기여를 한 사람이 있어. 바로 제프리 힌튼이라는 과학자야. 힌튼은 '인공 신경망'이라는 기술을 발전시켜 인공지능이 스스로 배울 수 있도록 만

들었어. 인공 신경망은 사람의 뇌처럼 여러 정보가 서로 연결된 구조를 가진 컴퓨터 프로그램인데, 인공 신경망 덕분에 사람처럼 스스로 보고 배운 지식을 계속 쌓아가면서 공부하는 컴퓨터 인공지능 학습, 즉 딥러닝이 가능해졌어. 보고 배운 것을 기억하고, 그것을 바탕으로 새로운 사실을 예측한다는 점에서 사람의 사고와 비슷하다고 할 수 있지. 힌튼의 연구 덕분에 오늘날 우리가 사용하는 똑똑한 인공지능이 가능해졌어.

허사비스와 그의 연구팀은 알파고 말고도 '알파폴드'라는 인공지능을 만들어서 우리 몸을 이루는 단백질이 어떻게 3차원적으로 접히는지를 정확하게 예측하는 데 성공했어. 단백질의 구조를 알아내는 건 아주 어려운 일이었지만, 알파폴드 덕분에 그 연구가 훨씬 빨라지고 쉬워졌지.

이제 인공지능은 사람의 생명과 건강을 지키는 데도 큰 도움이 되고 있어. 하지만 인공지능은 진짜 뇌처럼 자유롭게 상상하거나, 감정을 느끼거나, 배운 적 없는 상황을 스스로 판단하지는 못해. 대신에 주어진 데이터 속에서 규칙을 찾고 최적의 결과를 내는 일에는 놀라운 능력을 가지고 있지. 그래서 허사비스는 '인공지능'보다는 '인공학습'이라는 표현을 더 좋아해. 왜냐하면 스스로 배우는 능력이 바로 진짜 인공지능의 핵심이라고 생각하기 때문이지.

인공지능이나 뇌과학 기술은 아픈 사람을 도와주거나 사람이 하기 힘든 일을 쉽게 해 주는 데 사용할 수 있어. 하지만 나쁜 마음을 가진 사람이 나쁘게 사용하면 위험한 일이 생길 수도 있단다. 그래서 기술을 개발할 때는 반드시 윤리와 책임감을 가져야 해.

요즘 과학자들은 실험실에서 줄기세포를 이용해서 아주 작고 단순한 미니 뇌인 '뇌 오가노이드'도 만들고 있어. 실제 뇌와 굉장히 닮은 뇌 오가노이드는 뇌 구조를 연구하는 데 큰 도움이 되고 있어. 실제 뇌처럼 복잡하지는 않지만, 뇌세포들이 서로 연결된 모습을 작고 간단하게 만든 뇌 오가노이드를 통해 연구를 하게 된 거야.

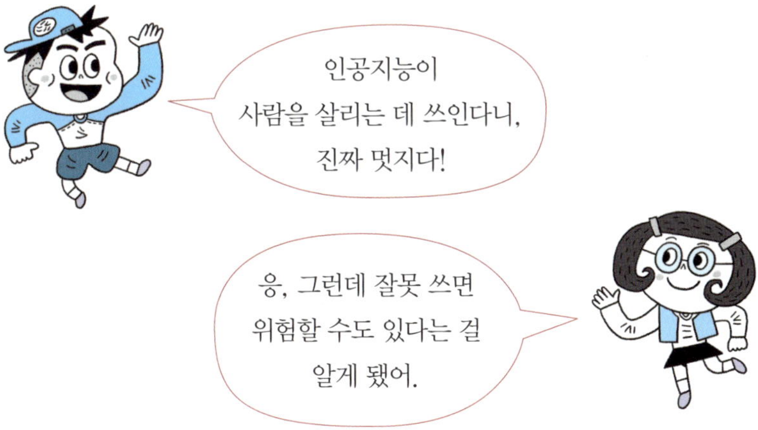

인공지능과 인간의 뇌는 어떻게 다른가?

저는 요즘에 궁금한 건 모두
대화형 인공지능에 물어봐요.

맞아요.
대화형 인공지능은
저보다 독후감도
더 잘 써요.

대화형 인공지능이
많이 발전했지.
하지만 아직 우리 뇌보다
부족한 점이 많아.

인공지능은 정말 똑똑해. 특히 인공지능은 반복해서 배우는 절차적 학습을 아주 잘해. 왜 인공지능이 사람보다 절차적 학습을 잘할까? 그건 인공지능이 엄청난 양의 데이터를 수백만 번씩 반복해서 학습할 수 있기 때문이야. 사람은 그렇게 많은 정보를 지치지 않고 반복해서 익히는 게 어렵지만, 인공지능은 지치지도 않고 계속할 수 있거든. 그래서 복잡한 계산, 언어 번역, 정보 정리, 게임 실력 향상 같은 절차적인 일들은 인공지능이 사람보다 훨씬 잘할 수 있어.

또 인공지능은 엄청나게 많은 정보를 아주 빠르게 검색해. 마치 백과사전 수천 권을 한꺼번에 읽는 것처럼 말이야. 하지만 그런 능력이 있다고 해서 사람처럼 상황을 파악하고, 눈치채고, 판단할 수 있는 건 아니야.

그런데 사람의 뇌는 조금 달라. 우리는 모든 걸 다 알지 못해도 '지금은 이렇게 행동해야겠다!' 하고 빠르게 결정을 내려. 하지만 인공지능은 아직 대충 예측을 하기 때문에 미리 결정을 내릴 수 없어. 아주 많은 정보를 입력하고 학습을 시키면, 학습한 범위 안에서만 사람이 질문하는 것에 정확히 대답할 수 있어.

그리고 인공지능은 앞서 말한 원샷 학습을 하지 못해. 사람은

우르르
꽈광

무언가를 한 번 경험하고 나면 뇌 속에서 연결을 강화해서 바로 기억을 만들 수 있어. 하지만 인공지능은 수많은 데이터를 계속 반복해서 학습해야만 해. 이처럼 인간은 제한된 경험만으로도 적절한 추론과 예측을 할 수 있지만, 인공지능은 그렇지 못해. 원샷 학습은 사람의 뇌만이 가진 특별한 능력이야.

또 사람은 걸어 다니고, 만지고, 느끼고, 말하는데, 이런 것들이 다 뇌와 연결돼 있어. 그런데 인공지능은 그냥 기계 안에 있는 프로그램이라서 감각을 느껴서 전달해 줄 몸이 없어. 그래서 사람처럼 오감을 써서 느끼고 판단하는 건 아직 하지 못해.

특히 인공지능과 사람은 아주 다른 점이 있어. 바로 상상력과 창의력이야! 이건 사람만이 가지고 있는 특별한 능력이거든.

과학자 아인슈타인은 어느 날 번개가 치는 창밖을 바라 보다가 '내가 빛의 속도로 달리면서 빛을 옆에서 지켜보면 빛이 여전히 빠르게 느껴질까?'라는 엉뚱한 상상을 했어. 거기서부터 '상대성 이론'이라는 새로운 과학 이론이 시작된 거야.

아직 인공지능은 그런 상상을 하지 못해. 인공지능은 자기가 학습한 것 안에서만 검색하거든. 그렇다면 상상력은 어디서 올까? 사람의 뇌는 아무것도 없는 상태에서 상상하는 게 아니야.

우리가 전에 보고, 듣고, 느꼈던 경험들이 뇌에 저장돼 있다가, 그 기억을 뇌가 다시 꺼내서 새롭게 섞고 조합하는 게 바로 상상이야. 동물원에 갔던 기억, 비 오는 날 놀았던 기억, 맛있는 음식을 먹었던 기억……. 이런 경험들이 뇌 속에 차곡차곡 쌓여 있어. 그리고 그 기억들을 바탕으로 뇌는 새로운 이야기를 만들어 내거나 창의적인 아이디어를 떠올릴 수 있는 거야.

그렇다면 상상력을 키우려면 어떻게 해야 할까? 많이 보고, 많이 듣고, 많이 느끼고, 많이 해 보고, 많이 읽는 경험을 해야 해. 그 기억들이 나중에 창의력과 상상력의 재료가 되어 너의 머릿속에서 무한한 아이디어가 솟아날 수 있도록 도와줄 거야.

인공지능은
상상력과 창의력이 없어.
그게 인간의 뇌와 다른 점이야.
하지만 인공지능은
빨리 발전하니까, 금방 사람의 뇌보다
똑똑해질지도 몰라.
인공지능이 아무리 발전해도,
세상을 바꾸는 첫 생각은 늘
인간에게서 시작된단다.

인공지능 시대, 어떻게 학습해야 할까?

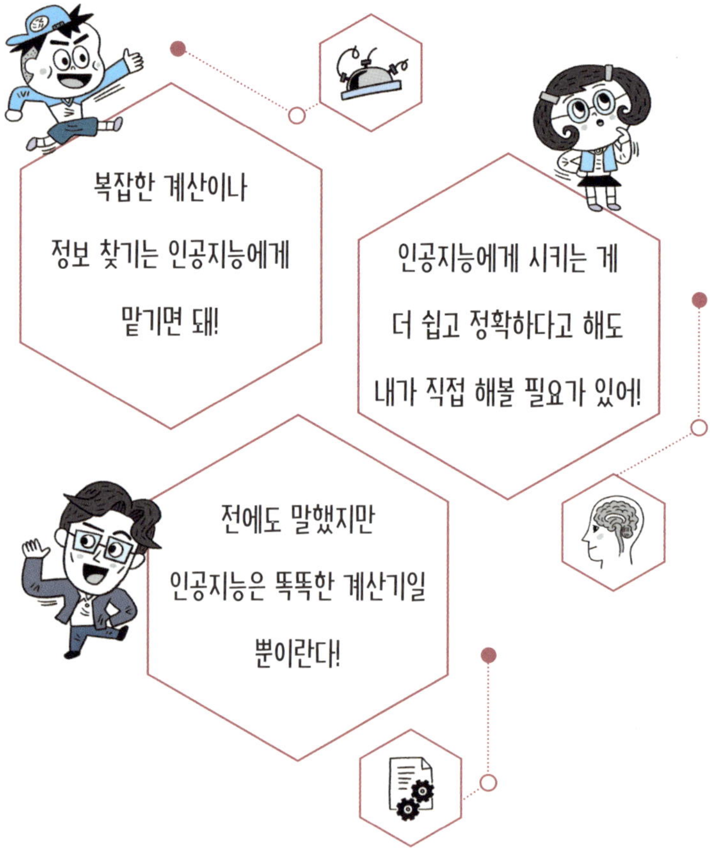

앞으로 인공지능은 점점 더 똑똑해져서 사람이 하던 많은 일을 대신하게 될 거야. 계산하기는 이미 인공지능이 우리보다 훨씬 더 잘하지. 그런데 학교에서는 여전히 연산 공부를 하고 있어. 그게 과연 꼭 필요한 걸까?

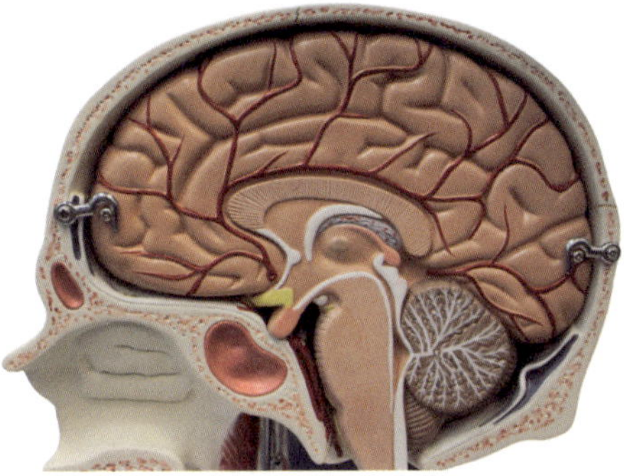

사람의 뇌 단면 모형

오래전에 만들어진, 미국 나사(NASA) 우주 센터에서 일하던 사람들 이야기를 다룬 영화를 본 적 있니? 아직 전자계산기가 없었던 시절, 사람들은 복잡한 숫자를 손으로 계산하는 일을 했는데, 어느 날 컴퓨터가 그 일을 대신하게 되었지. 일자리를 잃을까 걱정하던 사람들은 오히려 새로운 기술을 배우기로 결심했어. 그래서 그들은 컴퓨터 프로그래밍을 배웠고, 결국 더 멋진 일을 할 수 있게 되었지.

지금 우리가 살아가는 세상도 마찬가지야. 인공지능을 무서워할 필요가 없어. "인공지능은 아주 똑똑한 계산기다."라고 생각하면 돼. 그리고 그 계산기를 잘 사용하는 법을 배우는 것이 중요해.

어린이들은 새로운 걸 빠르게 배우니까, 인공지능을 다루는 법도 어른들보다 더 쉽게 배울 수 있어. 복잡한 계산, 빠른 정보 검색 같은 일은 이제 인공지능에게 맡기고, 우리는 사람만이 가질 수 있는 능력을 기르는 데 더 집중해야 해.

나만의 생각을 만드는 연습, 그리고 도구(인공지능)를 잘 활용하는 법을 함께 배우는 게 앞으로의 공부야. 모든 걸 인공지능에게 맡기면 안 돼. 우리 뇌는 처음엔 서술적으로 배우고, 시간이 지나면서 절차적으로 바꾸려고 해. 이게 바로 반복 연습의 힘이야. 그런데 "이건 인공지능이 다 해 줄 거야."라는 생각에 반복 연습을 안 하면, 우리 뇌의 절차적 학습 능력이 약해져서 중요한 순간에 잘 생각하거나 행동하기 어려워질 수도 있어. 그러니까 인공지능이 더 잘할 수 있는 계산이나 반복 학습이라도 "내가 직접 해 볼 거야!", "내가 직접 이해하고 싶어!" 하는 마음을 가지고 시도해 봐야 해.

인간
수다

게다가 인간은 인공지능과는 다르게, 느끼고, 상상하고, 공감하고, 창의적으로 생각할 수 있어. 멋진 그림을 떠올리는 창의력, 누군가 슬퍼할 때 "괜찮아?" 하고 다가가는 공감, 딱 보자마자 떠오르는 직관, 이런 것들은 인공지능이 아직 따라오지 못하는 부분이야.

또 인간은 직접 손으로 만들고, 몸을 움직이고, 부딪혀 보고, 온몸으로 느끼면서 배우는 존재야. 뇌는 이런 활동을 통해 더 잘 기억하고, 더 깊이 생각할 수 있어. 그래서 이렇게 아날로그적인 경험을 많이 할수록 "나는 기계와 달라! 나는 특별하고 소중한 사람이야!"라는 자신감과 자존감도 생기게 돼.

복잡한 계산, 빠른 정보 검색 같은 일은
이제 인공지능에게 맡기고,
우리는 사람만이 가질 수 있는 능력을
기르는 데 더 집중해야 해.

인공지능이 계속 똑똑해지면, 우리가 하던 일을 전부 대신하게 되는 것 아닌가요?
그럼 우리는 뭘 더 잘해야 하나요? 계산 말고요.
인공지능이 못 하는 것은 생각하고, 느끼고, 상상하는 것이란다. 그것이 앞으로 우리를 더 특별하게 만들어 줄 거야.

사람의 뇌와 컴퓨터를 연결할 수 있을까?

과학자들은 사람의 뇌처럼 생각하는 컴퓨터를 만들고 싶어 한단다. 그런데 이건 뇌가 어떻게 배우고 기억하는지 완전히 알아내야만 가능한, 정말 어려운 일이야. 그래서 어떤 과학자들은 다른 방법을 생각했어.

"뇌와 기계를 직접 연결해 보면 어떨까?"

이렇게 뇌와 기계를 연결하는 기술을 '뇌-기계 접속' 또는 '뇌-컴퓨터 접속'이라고 불러. 그런데 사람의 뇌와 컴퓨터를 직접 연결하는 기술이 진짜로 가능한 이야기일까?

실제로 이 기술에 관심이 많았던 미국의 기업가 일론 머스크는 '뉴럴링크(Neuralink)'라는 회사를 만들었어. 이 회사는 뇌에 작은 컴퓨터 칩을 심어서 컴퓨터와 뇌가 서로 대화하게 만드는 기술을 연구했어. 팔다리를 움직일 수 없는 환자의 뇌에 동전 크기의 컴퓨터 칩을 넣었지. 그랬더니 이 환자는 손을 전혀 움직이지 않고도 생각만으로 컴퓨터의 커서를 움직이거나 스마트폰을 조작할 수 있었어. 어떻게 그런 일이 가능

했을까? 이 환자는 먼저 조이스틱으로 게임을 연습했어. 그때 뇌 속에서는 "이럴 때는 이렇게 움직인다!"라는 신호 패턴이 만들어졌지. 칩은 그 신호들을 기억해 뒀어. 그리고 나중에 그 환자가 "커서를 컴퓨터의 반대편으로 움직이고 싶다."라고 생각만 해도 그 신호가 컴퓨터로 전해져서 화면 속 커서가 진짜 반대편으로 움직이게 된 거야. 뇌의 신호를 기계가 알아듣게 되고 친구가 된 거지.

이 실험은 아주 중요한 걸 보여 줘. 우리가 뇌에 대해 모든 걸 알지 못해도, 뇌에서 나오는 신호와 기계를 연결하면 생각만으로도 기계를 움직일 수 있다는 거야.

앞으로 어떤 일이 생길까? 기술이 더 발전하면 팔이나 다리를 움직이기 어려운 사람들이 뇌의 생각만으로 로봇 팔이나 휠체어를 움직일 수 있게 될 거야. 이처럼 뇌와 기계를 연결하는 기술은 몸이 불편한 사람을 돕는 데 큰 힘이 될 수 있어.

서울대 교수와 함께하는

10대를 위한 교양 수업

10 이인아 교수님이 들려주는 뇌인지과학 이야기

글 | 이인아, 이정화 **그림** | 이창우

1판 1쇄 인쇄 | 2025년 12월 9일
1판 1쇄 발행 | 2025년 12월 18일

펴낸이 | 김영곤
개발팀장 | 이장건 **책임개발** | 김혜지
영업마케팅팀 | 정지은 한충희 장철용 남정한 나은경 강경남 황성진 김도연 이민재 이정은
디자인 | 디자인이팝 **제작** | 이영민 권경민
외주편집 | 꿈틀 이정아

펴낸곳 | ㈜북이십일 아울북
출판등록 | 2000년 5월 6일 제406-2003-061호
주소 | (10881) 경기도 파주시 회동길 201 (문발동)
대표전화 | 031-955-2100
팩스 | 031-955-2177 **홈페이지** | www.book21.com

ISBN | 979-11-7357-703-1 (74000)
ISBN | 978-89-509-9137-1 (세트)

* 잘못 만들어진 책은 구입하신 서점에서 교환해 드립니다.
* 가격은 책 뒤표지에 있습니다.

▲ **주의** 1. 책 모서리가 날카로워 다칠 수 있으니 사람을 향해 던지거나 떨어뜨리지 마십시오.
2. 보관 시 직사광선이나 습기 찬 곳을 피해 주십시오.

- **제조자명** : (주)북이십일
- **주소 및 전화번호** : 경기도 파주시 회동길 201(문발동)/031-955-2100
- **제조연월** : 2025.12.
- **제조국명** : 대한민국
- **사용연령** : 3세 이상 어린이 제품

- **일러두기** 맞춤법과 띄어쓰기는 《표준국어대사전》을 기준으로 삼았고, 외국의 인명, 지명 등은 국립국어원의 '외래어 표기법'을 따랐습니다.

- **사진 출처** 셔터스톡(62쪽 65쪽 141쪽)
헬로아카이브(129쪽)
위키백과(77쪽)

특별

묻고 Q 답하고 A

뇌를 튼튼하게 하려면, 어떻게 하면 좋을까?

뇌는 우리에게 없어선 안 될
정말 중요한 존재야.

방학 동안 있었던 일을
기억해 내거나,

오랜만에 만난 친구를
알아보는 것도 뇌 덕분이야.

이렇게 중요한 뇌가 튼튼하려면,
몸처럼 뇌도 운동이 필요해.

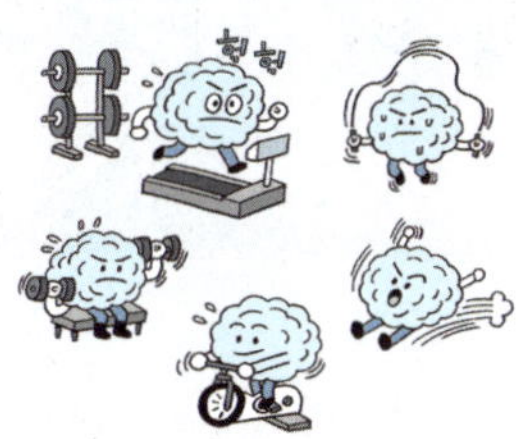

나만의 생각을 만드는 연습은
뇌에게 꼭 필요한 운동 중 하나지!

그럼 나만의 생각하는 힘은
어떻게 키울 수 있을까?